# NASA的项目管理课

## 重塑影响项目成果的六大关键因素

# THE SMART MISSION
NASA's Lessons for
Managing Knowledge, People, and Projects

［美］

爱德华·J. 霍夫曼

马修·科胡特

劳伦斯·普鲁萨克

著

曹飞 译

中信出版集团 | 北京

图书在版编目（CIP）数据

NASA 的项目管理课：重塑影响项目成果的六大关键因素 /（美）爱德华·J. 霍夫曼，（美）马修·科胡特，（美）劳伦斯·普鲁萨克著；曹飞译. -- 北京：中信出版社，2023.3

书名原文：The Smart Mission: NASA's Lessons for Managing Knowledge，People，and Projects

ISBN 978-7-5217-5308-0

I. ① N… II. ①爱… ②马… ③劳… ④曹… III. ①项目管理 IV. ① F27

中国国家版本馆 CIP 数据核字（2023）第 035697 号

The Smart Mission: NASA's Lessons for Managing Knowledge, People, and Projects
by Edward J. Hoffman, Matthew Kohut, and Laurence Prusak
Copyright © 2022 Massachusetts Institute of Technology
Simplified Chinese translation copyright © 2023 by CITIC Press Corporation
ALL RIGHTS RESERVED
本书仅限中国大陆地区发行销售

NASA 的项目管理课——重塑影响项目成果的六大关键因素

著者：［美］爱德华·J. 霍夫曼　［美］马修·科胡特
　　　［美］劳伦斯·普鲁萨克
译者：曹飞
出版发行：中信出版集团股份有限公司
（北京市朝阳区东三环北路 27 号嘉铭中心　邮编 100020）
承印者：北京诚信伟业印刷有限公司

开本：880mm×1230mm　1/32　印张：7　字数：135 千字
版次：2023 年 3 月第 1 版　印次：2023 年 3 月第 1 次印刷
京权图字：01-2022-6684　书号：ISBN 978-7-5217-5308-0
定价：69.00 元

版权所有·侵权必究
如有印刷、装订问题，本公司负责调换。
服务热线：400-600-8099
投稿邮箱：author@citicpub.com

# 目录

前言 / V

## 第1章 知识 / 001

知识是什么 _ 006

组织的优先知识活动 _ 009

识别关键知识 _ 015

知识经济 _ 019

知识管理 _ 021

知识管理十大原则 _ 024

如何开展知识工作 _ 026

## 第2章 学习 / 029

三个层级的学习 _ 034

组织学习 _ 037

团队学习 _ 048

个人学习 _ 053

如何开展学习 _ 057

## 第3章　故事 / 059

改变学习方式的需要 _ 064
故事的效力 _ 067
知识型组织中的故事 _ 070
讲故事在 NASA 的兴起 _ 072
讲故事在组织中的发展 _ 078
如何使用故事工具 _ 079

## 第4章　文化 / 083

协作 _ 090
重视知识 _ 093
信任 _ 095
文化变革 _ 098
挑战者号和哥伦比亚号事故后的 NASA 文化变革 _ 099
如何进行文化变革 _ 101

## 第 5 章  团队 / 103

把团队绩效放到特定语境中 _ 106
团队失败 _ 110
改良团队的组织障碍 _ 111
团队从困境到卓越 _ 112
促成高绩效的六个条件 _ 116
如何打造高绩效项目团队 _ 132

## 第 6 章  全球协作：国际空间站项目 / 135

合作基础 _ 139
谈判与协议 _ 144
长期保留项目知识 _ 149
行动中的合作 _ 151
应对意外挑战 _ 154
持续效益 _ 155
经验教训：成功之路没有捷径 _ 156

**第 7 章　展望未来：关键任务建议 / 159**

湍流和风险 _ 162
知识 _ 163
领导力 _ 168

**注释 / 171**

# 前言

对于世界上许多极其庞杂的机构而言，项目是最基本的工作单元。不管最终生产的是软件应用程序、抗病毒疫苗还是航天器，今天的许多工作都是在项目层面进行的。从某种意义上说，我们生活的世界是一个项目的世界。从电影大片到能源生产，对于很大一部分全球经济活动而言，项目都是工作的一级单位。

然而，我们无法完全把握项目，这是因为我们理解和定义项目的方式是错误的。任何复杂项目都以为人类服务为目的，并利用多种学科的专业知识来解决挑战。但是项目管理的主流范式是控制、流程和工具，这忽视了人的维度——学习、协作、团队、沟通和文化，而这些是无形的、难以度量且不易控制的。

项目的运行依赖知识。知识是学习和经验的结合，它赋予人们执行任务的能力。一个项目即使拥有众多资源，假若缺乏必要的知识，也注定会失败。项目失败的原因当然有很多，但是项目如果缺乏实践知识，那么几乎不会得到善果。这类知识无法在书本中找到，个人也无法私藏，它产生于在团队中工作的经验丰富的员工。

相较于其他组织，一些组织更好地认识到了知识、项目和人员三者之间的相互影响。本书将探讨影响项目的无形因素，并分享成功组织在这些方面采取的方法和实践，以便启发其他组织进行思考——应该采取怎样的新方式在项目中开展工作和学习。

三大主题贯穿本书。首先，项目从根本上说是关于团队如何一起边工作、边学习，并最终完成任务的。项目团队不同于职业运动队，不是按照界定清晰的规则来进行比赛的。项目团队可能会按照可重复的过程来设计、构建、测试和交付产品或服务，但不管是渐进式创新还是突破性创新，都仰赖团队学习。正如荷兰皇家壳牌集团（Royal Dutch Shell Group）的阿里·德赫斯（Arie de Geus）所言："比竞争对手更高效的学习能力，可能是你唯一可持续的竞争优势。"[1]

其次，局部层面是实际工作发生地。使项目成功的创新和突破，极少来自大型集中式组织的高层。烦冗的官僚体系甚至可能会迫使项目团队花费大量时间和精力来设法避开它的束缚。这不是新鲜话题，二十多年前开始的敏捷运动（the agile movement）

已经使人们广泛认识到去中心化决策的益处，但是知识的影响往往被忽略了。在大型组织中，当赋能本地工作人员快速应对瞬息万变的形势时，知识和项目管理通常最为有效。

最后，项目不是在真空中运行的。项目存在于组织中，而组织需要对利益相关者负责。比如，公司需要对股东负责，政府机构需要对政治领导人和公众负责。项目的成败在很大程度上取决于这一生态系统的健康状况。

不同项目的复杂程度存在天壤之别，因此通过构建模型来阐释知识需求的不同是非常有用的。传统项目管理的"铁三角"——成本、进度和范围，尚不能说明人行道项目与超级对撞机项目之间的差异，更不用说再考虑知识、学习、沟通、团队动力、文化或协作等因素了。在探讨这些因素时，我们首先要考虑组织、团队和个人层面的环境。

通过项目履行使命的组织与执行项目的团队和个人之间，存在一种共生关系。组织会支持团队和个人，途径是提供知识和学习资源、基础设施以及影响工作环境的文化。这让团队和个人获得执行项目所需的知识，也反过来提升了组织未来完成项目的能力。

我们从知识需求和学习需求的角度来审视项目的复杂程度，由此确定运行于不同知识棋盘上的三个项目模型——微观项目、宏观项目和全球项目。

微观项目需要解决的问题界定清晰，以技术性问题为主。这类问题解决起来可能很困难，也可能很容易，但是不管怎样，掌握了项目所需的正确技术，也就找到了解决方案。古希腊人称这类知识为技术知识，或者基于重复规则的科学知识。微观项目可能是简单的软件项目（比如为某网站提供某功能），也可能是需要大量创新的项目（比如极具挑战的研发计划），但是不管是哪种情况，项目团队都有权力也有能力应对手头的技术挑战（见图0-1）。虽然对人员和流程的了解在工作中发挥着重要作用，但这不是首要问题。

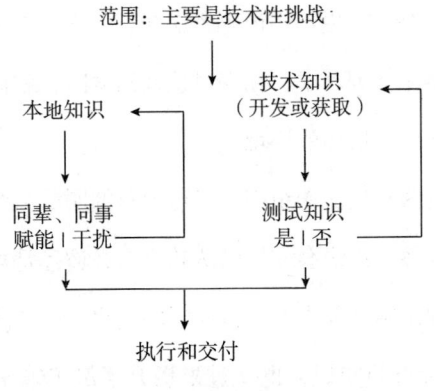

图0-1　微观项目的运行

VITAL（Ventilator Intervention Technology Accessible Locally，本地可使用呼吸机干预技术）就是一个微观项目，这是新冠肺

炎疫情防控初期由喷气推进实验室（Jet Propulsion Laboratory）开展的呼吸机项目，由NASA（National Aeronautics and Space Administration，美国国家航空航天局）的工程师组成临时团队。这些工程师最初对呼吸机等医疗设备一无所知，却在37天后交付了一台可工作的呼吸机样机，且其组件可以是现成的商业零件。这堂快速获取技术实践知识的课程，堪称团队快速学习方面的大师课。虽然团队成员的确需要打点好与利益相关者的关系，包括与NASA总部以及西奈山医院（Mt. Sinai Hospital）、美国食品药品监督管理局（Food and Drug Administration）等外部合作伙伴的关系，但是这个项目的主要知识挑战是技术性的。

虽然VITAL团队需要从无到有开发和获取技术知识，但是它从一开始就拥有的最重要的资产是成功运行项目的本地知识，包括从概念提出到项目收尾。这项时效性很强的特殊任务正赶上新冠肺炎疫情防控时期，这意味着该团队需要远程独立运行。VITAL项目得到了喷气推进实验室领导层的支持，因此团队得以完全专注于目标。

宏观项目所解决的难题会牵涉组织中的很大一部分，小到一个部门或业务单元，大到整个企业，其对技术知识的需求无法与获取资源、权力、标准和行为支持等所需的组织知识分开（见图0-2）。熟练驾驭组织政治是必不可少的，这样项目才能获得关键决策者的支持并消除阻力。除了技术知识，宏观项目还需要关于组织的街头智慧，古希腊人称之为metis，意为兼具聪明和狡黠。

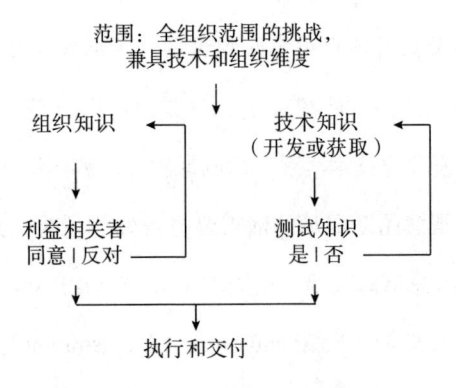

图0-2　宏观项目的运行

接下来要探讨的宏观项目由爱德华·J. 霍夫曼（Edward J. Hoffman）领导，其任务是按照美国国会支持下的顾问小组的指示，为NASA构建一种全组织范围内适用的知识能力。在项目初始，组织摩擦就是项目成功的最大潜在障碍。关于组织及其人员和文化的知识，比专业知识重要得多。

爱德华及其团队，包括劳伦斯·普鲁萨克（Laurence Prusak）和马修·科胡特（Matthew Kohut），已经具备了解决这一问题所需的技术知识。真正的工作是让利益相关者参与进来并了解团队的能力和担心，向他们分享这个问题在全机构层面的性质，并最终赢得他们的支持——向前推进兼具灵活性和约束性的解决方案。

全球项目要解决的是范围广泛的社会性挑战,可能是公共卫生问题,比如消除天花,也可能是对知识的探索,比如通过共享实验室和天文台来解密宇宙谜团。由于这些项目跨越了国家边界,在着手解决技术问题之前,组织首先需要构建一个新的项目生态系统。这类项目天生具有政治性,因此需要关于世界运行方式的实践智慧(古希腊人称之为phronesis,即世俗智慧,代表在现实世界中行事的智慧和审慎),当然还需要街头智慧和技术知识。它们就像一个三维棋盘:在全球、组织和本地三个层级都能找到关键知识。要想处理好政府、企业、大学以及其他重要利益相关者之间的关系,全球知识必不可少——理解项目的政治维度。在执行项目之前,首先要建立组织,因此组织知识是不可替代的。跟范围较小的项目一样,在全球项目中,本地知识也是不可或缺的(见图0-3)。

后面我们会单独拿出一章进行案例分析,讲述设计、建设和运行国际空间站(International Space Station)所需的国际协作。这个独一无二的项目至今仍是关于其他领域的竞争者如何开展合作的典范。从这一合作伙伴关系中衍生出来的工作关系,不是各国宇航局之间双边关系的简单相加,而是共同使命感结出的来之不易的果实。

```
范围：兼具技术、组织和政治维度的社会性挑战
              ↓
           政治知识
      （建立和维护项目生态系统）
              ↓
          利益相关者
          同意 | 反对
       ↓              ↓            ↓
  动态政治条件下的   组织知识      技术知识
   一致性保持          ↓       （开发或获取）
                   利益相关者       ↓
                   同意 | 反对    测试知识
                                  是 | 否
              ↓
           执行和交付
```

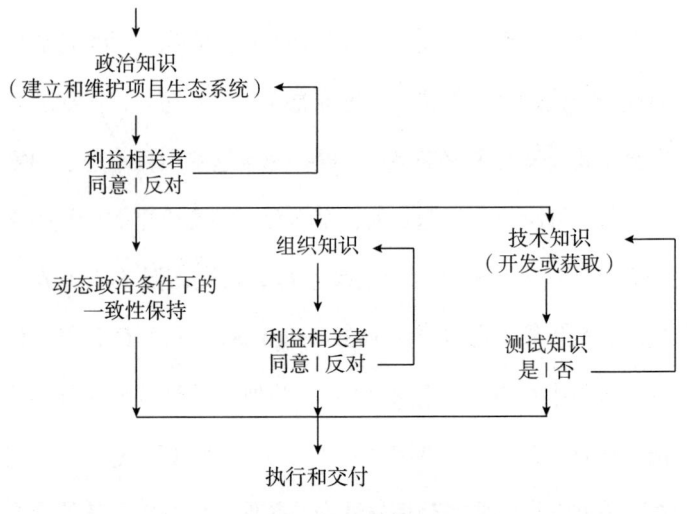

图0-3 全球项目的运行

在建立国际空间站之前，各个合作伙伴必须达成一致，向着单一国家无法独立实现的目标一起努力。从NASA的角度来看，这需要必要的政治知识，需要建立和维护一个新的项目环境，使其既服务于共同使命，又尊重每个合作伙伴的利益。此外，NASA的国际空间站团队还必须拓展组织知识，学习如何在这一合作伙伴关系中有效地工作。与此同时，在未来数年里，将有宇航员常驻国际空间站，因此该团队还需要应对建造空间站面临的无数技术知识挑战。

正如上述几个模型显示的那样，虽然技术知识至关重要，但是除非问题从本质上讲是技术性的，且项目团队能够不受干扰地

解决问题，否则只有技术知识是不够的。根据我们的经验，只关注技术的复杂项目即使存在，也是极少的，但是很少有组织承认其需要组织和政治知识（见图0-4）。

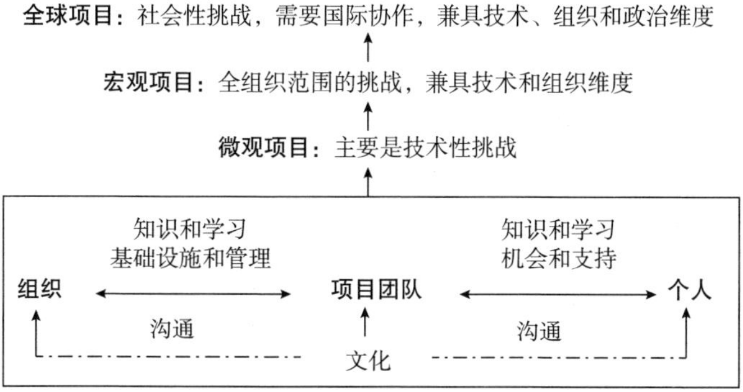

```
全球项目：社会性挑战，需要国际协作，兼具技术、组织和政治维度
    ↑
宏观项目：全组织范围的挑战，兼具技术和组织维度
    ↑
微观项目：主要是技术性挑战
    ↑
┌─────────────────────────────────────────────────┐
│      知识和学习              知识和学习           │
│     基础设施和管理            机会和支持          │
│ 组织 ←──────────→ 项目团队 ←──────────→ 个人     │
│  ↑      沟通        ↑         沟通       ↑       │
│                    文化                           │
└─────────────────────────────────────────────────┘
```

图0-4　三种项目模型

不管是公司、政府机构还是非政府组织，以项目为基本单元的组织的类型和规模都各有不同。问题的新奇性、成本度量和客户参与节点等因素，有助于区分组织可能支持的项目类型。下面我们用三种模型来描述基于项目的组织类型（见表0-1），但我们意识到大多数大型组织都属于混合型，包含多个模型。

基于复杂项目的组织从事的是独一无二的行业。这类组织如NASA或CERN（European Organization for Nuclear Research，欧洲核子研究组织），需要解决的是完全新奇的问题。成本和进度要根据项目的生命周期来度量，而不是按照产品单位（比如在批量生产中生产一辆汽车所需的时间和金钱）。对NASA和CERN而言，客户往往是科学家团队，他们开展高度复杂的实验并收集数据。由于问题的复杂性，这类组织的客户通常会参与项目的整个生命周期。如果不对重大技术进行发展和创新，项目就不可能取得成功。

表0-1 基于项目的组织类型

| 类型 | 基于复杂项目的组织 | 批量生产型组织 | 创新型组织 |
| --- | --- | --- | --- |
| 产品 | 独一无二 | 规模化生产 | "永远在试用" |
| 问题 | 新奇的 | 可度量的 | 可拓展的 |
| 技术 | 新技术、新创造 | 研发＞创新 精益或敏捷＞改进 | 最小可行产品 |
| 成本 | 整个生命周期 | 单位成本 | 零边界成本 |
| 客户 | 全程参与 | 从销售节点开始参与 | 测试过程中参与 |
| 知识需求 | 创新＋小量生产 | 创新＋持续改进 | 创新＋自力更生 |

批量生产型组织指的是大规模的制造商，不管生产的是汽车还是糖果，组织都会对生产中的问题进行测量、严重性评分和跟踪，直至解决问题。这类组织通过精益或敏捷生产法来提高质量和效率，并设立单独的研发部门进行突破性创新。客户反馈可以为设计和生产流程提供建议，但是大多数客户从销售节点开始参与项目。

创新型组织类似纯粹的"软件即服务"组织。它以最小可行产品为初始基础，利用客户反馈的信息，不断对产品进行测试和改进。由于这类组织不像生产汽车或糖果的组织那样存在单位有形资本成本，因此随着每笔销售的产生，其单位成本都在下降。

考虑到组织处理知识的方式不同，做出上述区分是很有用的。由于知识在本质上是社会性的，因此组织结构极大地影响着知识的开发、保留和转移方式。

为什么现在写这本书？大多数项目管理类书籍的目标读者都是学术人士，而不是从业人员——这些著作的优势在于理论和建议，但是在实际应用方面却不尽如人意。据我们所知，目前还没有专著侧重于探讨项目和知识之间的关系，其中被忽视的元素是人。

知识是一种社会现象。包括管理、激励和文化等在内的团队动力和组织因素，可能促进也可能妨碍项目成功所需的学习能力和协作能力的提升。对基于项目的组织而言，没有可以实现最佳绩效的简洁方法，因为无形因素发挥着非常重要的作用。即便如此，我们仍致力于找出那些赋能实践、帮助组织和团队应对挑战的无形因素。

本书讲的是使命型项目，即具有明确目的或目标的项目，确切地说，它是项目团队、组织或社会追求的使命。三位作者共为NASA——世界著名的使命驱动型组织——服务了60余年，他们的工作范围广泛，从解决战略管理挑战到构建知识系统，再到为基于项目和计划的团队开发人才，但是其中始终不变的目标是在需求产生前培养成功的项目团队。

成功一词很难界定，它涉及价值，暗含绩效、成本、时效性、科学成就和公众认可等因素。对项目成功的界定，可能会随着时间的推移而改变。哈勃空间望远镜项目最初被大众认为是失败的，但是后来，实际情况的变化引发了一系列适应性反应，哈勃空间望远镜随之变成了卓越的象征。

我们认为所有项目都可以是智慧的（见图0-5）。智慧的项目承认，事情很少会按计划发展，学习和去学习化同样重要。它也认为知识创造发生在团队层面，因此它致力于设计并维护一个能够有效协作的、包含多种人才的强大团队。它同时有意识地营造和维护组织文化，最重要的是，它重视人，为员工提供参与有意义且目标明确的事情的机会。

本书作者都拥有几十年的理解知识和项目的经验。爱德华是社会心理学出身，之后在NASA就职33年，创立了NASA项目学院，曾担任NASA第一任首席知识官。在NASA工作的最后十年里，他招募了劳伦斯和马修，三人负责帮助NASA解决知识及项目管理方面的挑战。劳伦斯是组织知识领域的世界级权威，出版过9本著作，发表了50多篇文章，为世界各地的300多个组织提供过组织知识咨询服务。马修在过去十余年里经营着一家咨询公司，专注于学习和发展，他撰写了大量关于领导力、沟通和影响力的文章。

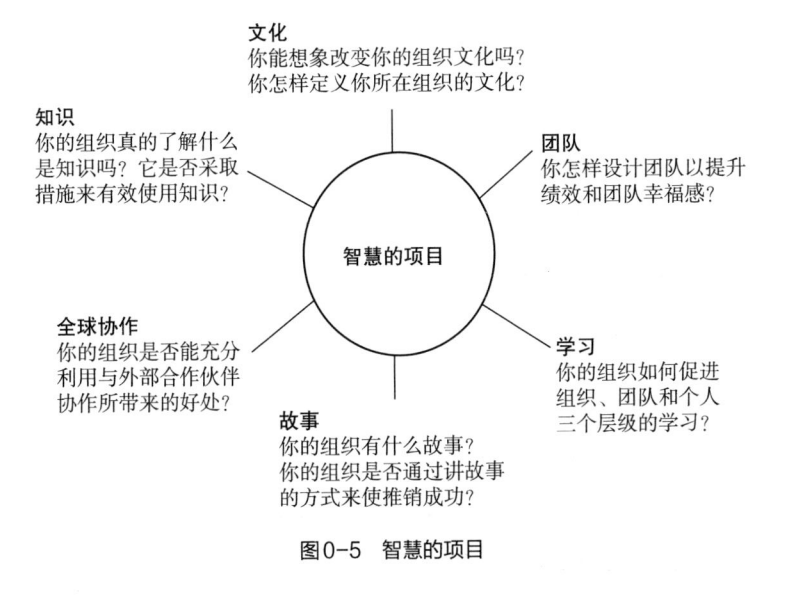

**文化**
你能想象改变你的组织文化吗？
你怎样定义你所在组织的文化？

**知识**
你的组织真的了解什么是知识吗？它是否采取措施来有效使用知识？

**团队**
你怎样设计团队以提升绩效和团队幸福感？

**智慧的项目**

**全球协作**
你的组织是否能充分利用与外部合作伙伴协作所带来的好处？

**故事**
你的组织有什么故事？
你的组织是否通过讲故事的方式来使推销成功？

**学习**
你的组织如何促进组织、团队和个人三个层级的学习？

图0-5　智慧的项目

为NASA服务的共同经验给了三位作者独特的视角，但是本书的内容不局限于NASA。爱德华和劳伦斯曾任教于哥伦比亚大学信息与知识战略专业，三位作者目前都在美国项目管理协会（Project Management Institute）担任高级顾问。作者利用自己的人脉网络采访了来自各类组织和行业的专家，后者所面临的挑战拓宽了他们的思维。

爱德华在NASA负责管理一个旨在培养项目管理能力的组织，该组织在不断发展变化。最初的项目管理计划形成于挑战者号航天飞机事故发生后，主要侧重于培训和发展个人能力。后来的NASA项目领导力学院将业务范围扩展到促进团队学习以及解决个人、团队和组织三个层级的知识有效性问题。该学院后来变成了今天的NASA项目及工程领导力学院。简便起见，本书把上述几个组织全部称为NASA项目学院。

NASA项目学院没有一个总括式的定义。爱德华于20世纪90年代中期创立了NASA项目学院，大约同一时期，包括荷兰皇家壳牌集团、劳斯莱斯、西门子和富士通在内的其他知名组织也在建立自己的学院。[2]这些学院有着相同的高远目标，比如提升整个组织的项目管理能力，但是每个学院采用的方法和具体举措的差异很大。经过十年左右的发展，NASA项目学院从针对个人的项目管理培训机构，变成一个多样化的学习组织，为项目团队提供各种服务，推动整个组织范围内的知识共享。在后面的章节中，本书将详细介绍NASA项目学院的具体举措。

第1章着重讲述知识。哪类知识是决定项目成败的关键知识？本书将探讨知识的社会性，以及知识对团队和组织而言意味着什么。十年前，NASA经历了全组织范围的知识管理方式大变革。这是利益相关者对NASA施压的结果，他们要求NASA提升在整个组织公开分享知识的能力。许多组织面临的潜在挑战是，如何应对那些阻碍知识流动的社会因素。

学习是知识的另一面，它是具体教授和转移知识的活动。大多数组织都强调个人层级的学习，但是当实际环境要求团队学习或需要组织提供基础设施和支持时，只强调个人学习是不够的。第2章主要介绍NASA是怎样创造和拓展个人、团队和组织层级的学习机会的。

第3章将介绍NASA是怎样通过讲故事来呈现和拓展新想法，并将现有想法传递给它的员工和承包商的。讲故事的场所包括《ASK杂志》（*ASK Magazine*）和现场论坛。《ASK杂志》由从业人员供稿，是知识和创新专题出版物，而现场论坛主要分享来自NASA内外的新创意。本书将详细介绍讲故事的方式如何从遭到众人质疑到成为NASA公认的且非常有效的知识共享工具。其他组织也曾以类似方式成功采用了故事工具。

除非组织重视并承认知识共享和学习活动的重要性，否则推进这些活动的努力不可能奏效，这种意识源自组织文化。第4章将探讨组织怎样才能营造基于知识的文化，助力NASA培养基于知识的文化的动因是什么，以及其他组织是怎样做的。

鉴于项目是由团队完成的，团队的构成、动力和知识是项目成功的关键。项目绩效也发生在团队层级。第5章将探讨这些方面，并详细讨论NASA是怎样调整方法，从而提高团队绩效以满足其项目的特殊需求的。

项目日益全球化，国际空间站可以说是史上最雄心勃勃、成就斐然的项目之一。第6章首先讲述了为推进这一项目而建立合作伙伴关系的挑战。由于国际政治因素以及文化和组织差异，NASA与其他国家之间的合作十分困难。本书把国际空间站作为案例进行研究，探讨如何为增长知识、造福人类而克服政治、文化和组织差异。

最后一章将综述知识和项目之间的关联，同时展望未来，预测当人工智能等技术改变未来的工作方式时，学习将会变成什么样子。本书撰写于新冠肺炎疫情在全球大流行期间，开展国际合作和应对迫在眉睫的世界性挑战的需求从未如此迫切。未来，项目会日益复杂，从而带来今天无法预料的技术挑战，但是知识的社会性以及人们对相互协作的需要不会改变。

# 第1章 知识

知识是财富的源泉,当被应用于已知任务时,它会变成生产力,当被应用于新任务时,它会变成创新。

——彼得·F. 德鲁克(Peter F. Drucker),《彼得·F. 德鲁克论实际领导力》(*Peter F. Drucker on Practical Leadership*)

2011年年末,NASA首席工程师迈克·瑞斯科维奇(Mike Ryschkewitsch)邀请爱德华参加会议。进门时,爱德华注意到NASA工程部门的高层领导正围坐在桌前,桌上的大活页夹里塞满了经国会授权的监督小组提供的安全建议。监督小组的一个建议谈及,需要在整个NASA统一进行知识管理。会议接下来集中讨论了NASA应该如何回应这一建议。在会议即将结束时,爱德华说:"我非常乐于以任何可能的方式提供咨询和帮助,只要不任命我担任NASA首席知识官就行。"监督小组已明确主张设立这一新职位。

爱德华不是在开玩笑,他更喜欢NASA项目学院创办负责人这个岗位。[1]他知道NASA十个下属中心的各个知识社群既有才华横溢的成员,又矛盾重重,他绝不想卷入地盘争夺战,更不想做里面的大反派。他还有一个顾虑:当时尚不知道NASA的领导层是否会支持正式的统一知识计划。他已经在NASA工作了25年,对政治有足够的了解,明白启动"关键"计划往往只是为了应对短期紧急事项,一两年后计划就会被扼杀,推进新举措的运气从来都不会太好。

大约两周后的一天,迈克从爱德华的办公室门口探头进来,问他能否单独聊一下,而爱德华也在等着定音锤砸下。

"我们需要你来当NASA首席知识官。"迈克说。

爱德华深吸了一口气,并表示他愿意满足NASA的任何需求。但是他跟迈克说,想跟NASA副局长克里斯·斯科莱斯(Chris Scolese)见一面,从而了解这位领导是如何看待首席知识官这一职位的重要性的。

当天下午,爱德华接到NASA某下属中心一位同僚的电话:"我们听到传言,总部在考虑设立首席知识官。"

"你觉得这个主意怎么样?"爱德华问。

"很蠢。总部根本不了解知识管理,这会毁掉我们已有的进步。"

"哦,那只能等着看接下来会怎么样了。"

"还有传言说,新的首席知识官是你。"

"你对这件事怎么看?"

"很可惜啊。"

"可惜什么?"

"我们真的很喜欢你,但是你的职业生涯不得不到此结束了,真的很可惜。"

第二天,爱德华在克里斯对面落座。克里斯是爱德华的前上司,现在是NASA的顶级领导人之一。爱德华开诚布公地分享了他的担忧,解释说他会把侧重点放在"人"上。他说:"知识管理社群中的很多人从技术、流程和工具三个维度来看待知识管理,这很重要,但不会是我的基点。"

"这方面我们很擅长,我们需要的是成功。工程和项目社群的成员都爱戴你,如果新项目冠上你的名字,那么这表示NASA非常重视这件事。"克里斯回答道。

这正是爱德华想要听到的。NASA高层领导坚定地支持这个计划,他们理解爱德华过去25年积攒的社会资本的重要性。爱德华把在NASA的很大一部分职业生涯奉献给了建立学习和知识网络,现在这些努力为他赢得了必要的可信度,从而使首席知识官这一角色能让知识社群的同事放弃抵制、共同合作。虽然他们对这个主意心存疑虑,但是长期合作关系所培养起来的善意将会是一大优势。爱德华的上司还看出,爱德华建设项目学院的方式，已经为NASA的统一知识计划奠定了基础。

在过去的十多年里，爱德华经常召集各个学科的NASA从业人员分享经验教训，因此他对知识有着广泛的理解。他已经领悟了知识的社会性和语境相关性，他从一开始就清楚地看到，NASA面临的挑战与其说是"什么"，不如说是"谁"。

## 知识是什么

关于知识，一个令人困扰的问题是，它的定义非常多。我们曾请参加过研讨会和讨论会的人员定义这个词，答案总是千差万别。有人认为，知识是有用信息的另一种叫法；还有人认为，这意味着某人掌握了大量数据。

古希腊人在其著作中至少用了8个不同的词来表示所谓的知识。即使是今天，许多语言仍至少用两个词来表示知识。例如，在法语中，savoir表示科学以及其他较具学术性的知识，而connaissance通常表示了解、熟悉或信任这样的知识。由于英语中只有一个词被用来表示知识，因此当我们说构建"知识系统"或"获取"知识时，会引起混淆。

知识不是指信息，但是当信息成为个人知识库的一部分时，它可以被视为知识。知识也不是指数据或智慧。几年前，一名记者请劳伦斯简单进行定义，以帮助人们理解这几个术语之间的区别。劳伦斯是这样说的："假设你计划为你爱的人准备一顿大餐，纸质食谱上的字母是数据，食谱本身是信息，知识是煮菜的本领，而智慧是娶一位烹饪高手。"

就本书而言，我们讨论的是工作知识——这类知识是人们在日常生活中进行实践和活动的基础，它让人们得以执行简单或复杂的任务。获得这种知识需要人们在反思性学习的帮助下综合诸多经验，并且它通常很难被完全表达出来。它通常来自与他人一起参与活动，比如共同执行任务、参与项目以及进行其他合作活动。工作知识既包括显性知识，也包括隐性知识，或者说它是事实知识和实践知识的混合体，其中后者的占比更大。将其理解为一种手艺或实践也许会更容易一些，就像医学、法律或工程实践一样。不管怎样，当遇到它时，人们就会知道那是工作知识。

积累知识需要时间和经验。一名获得化学学士学位的毕业生，刚出校门时还不是化学家。虽然他已经吸收了大量化学方面的信息，可能还在实验室里待过一段时间，但是其他化学家会把他称作化学家吗？不大可能。他需要实际从事化学——在工作中以及与其他化学家的合作中获得亲身体验。要想成为化学从业者，他必须实践化学。只有这样，他才能说自己拥有这一领域的工作知识。

知识是一个很难把握的词，因为它描述的事物从根本上说是无形的，不过应用知识所得到的成果往往是显性的，这些成果让人们确定了知识的价值和最佳用途。不管我们讨论的是汽车、医学、法律咨询还是航天飞机，我们都可以为其绩效和成果估值，而不需要细致地辨别创造这个产品用到了哪些知识。了解组织的知识来源既是有益的，也是重要的，因为这能更好地了解组织的已有知识和欠缺知识，以及怎样才能更加有效地使用知识。

知识具有深厚的社会性。个人知识十分重要，但是与集体知识相比，它逊色很多。这里的集体包括团队、人际网络、实践社群或其他拥有一般性共同目标、词汇、理解的集合体。这些集体中的成员彼此激励和帮助，从而从集体活动中产生新的解决方案和新的创意。集体活动也许是正式或非正式会议，也许只是一起工作而已。

对知识性质的理解，深受知识使用者所处文化的影响。"我们发现，知识与其所有人是不可分割的。"荻原直树（Naoki Ogiwara）说。[2]他是一家总部位于东京的全球知识咨询公司的总经理。他提到，在东亚文化中，知识被视为"我们的一种内在属性或力量，而不是可以被度量的事物"。而西方文化以及深受西方文化影响的地区往往认为知识可以用规则或算法来表达，或者嵌入独立于所有人的某种外在形式。对于知识表现方式的两种截然不同的理解，给关于怎样成功管理知识的交流带来了困难。

不过近年来，从业人员在制订知识计划时已经成功把两种主张合二为一。这主要是因为亚洲大型组织中的许多管理人员和高管或者在西方商学院（可能是亚洲分院）接受过知识和学习方面的教育，或者读过相关主题的西方文献。这种曝光接触，再加上西方咨询公司的灌输，导致融合两种观点的混合模型出现。[3]

## 组织的优先知识活动

2019年，经过艰苦的探索和研究，阿布扎比政府设立了幼儿管理局（Early Childhood Authority），致力于为该酋长国的所有儿童提供从出生前到8岁的儿童发展支持。在承担起这一长期性的多学科挑战时，幼儿管理局的领导者认识到了建立适宜生态系统的重要性，它应该支持四个方面：健康和营养、儿童保护、家庭支持以及早期护理和教育。他们认识到，这既需要全球最新的关于儿童早期发展的专业知识，也需要有关阿布扎比父母、儿童和家庭的本地知识。

幼儿管理局执行任务所需的知识，无法在世界银行或联合国的报告中找到。开发这一知识的团队需要懂得作为政府机构，如何在其独特的政治文化下运作，它还需要懂得如何在阿布扎比的社会文化环境中找到变革这一领域的正确方法。作为新组织,它的工作知识库仍在构建过程中。幼儿管理局创始团队的领导者 H. E. 萨那·穆罕默德·苏海尔（H. E. Sana Mohamad Suhail）说:"有许多工作需要我们做。"[4]这项任务需要经过很多年时间才能在一些领域取得成果。该组织现在获得的工作知识有大部分到了2035年将会被取代,2035年是其成立纲略所规定的时间节点。新知识几乎总是在旧知识的基础上发展而来的,因为它经常挪用现在仍能派上用场的旧思想并加以修改。

工作知识可以内化在人的身上,也可以嵌入流程和惯例。当新的创意进入组织时,它如果经过评估被认为有价值,就会扎根下来,成为组织的工作方式和执行方式的一部分,直到被更好的创意取代。它是支撑组织运行的那些惯例和流程的一部分。

以过去几十年里许多公司都采用的精益（敏捷）流程为例,精益（敏捷）流程的运行知识一般来自组织外部,经过评估和适应后,成为组织工作方式的一部分。适应过程一般采用实验策略。成功的实验是新实践的基础,而失败的实验是教训,可以为未来的实验提供信息。

当组织决定积极利用知识时,它一般会侧重于三类活动:知识开发、知识保留,以及知识转移和扩散。对任何组织而言,这三类活动都是至关重要的。但是这三者各自的价值和所耗费的时间在很大程度上取决于组织的产品或服务。以我们的经验来看,大多数组织重点关注三者之一或之二。

知识开发侧重于知识如何进入组织、通过评估，并最终成为组织工作知识库的一部分。知识开发的途径包括与拥有组织所需知识的公司结成联盟或收购该公司，雇用咨询师及其他顾问，或者建立一个团队或特别工作组，以寻找新的知识来源。

例如，当IBM（国际商业机器公司）意识到组织学习将成为大多数组织有效运行的重要内容时，它发现自己没有开发组织学习工具的专业技能。这类工具的市场正在快速变化，延迟进入市场将会是个商业错误。于是IBM决定收购莲花公司（Lotus Development Co.），该公司拥有世界领先的协同办公工具莲花便笺（Lotus Notes）以及组织学习研究机构莲花学院（Lotus Institute）。当莲花公司成功并入IBM后，整个IBM都能利用前者的实践工作知识。

有时，新知识是偶然发现的产物。偶然发现能突然给企业带来前所未有的本地知识，NASA就有过这样的先例。当时NASA正在努力尝试抢在2010年3月STS-119号飞行任务执行前，降低航天飞机计划中的一项风险。一名性格安静的工程师开发了一个技术工具，最终帮助领导层了解了风险。很多员工可能不愿意在会上主动分享自己的想法，如果没有主动型领导积极向员工寻求意见，员工的工作可能就不会被注意到。时任约翰逊航天中心（Johnson Space Center）工程总监的史蒂夫·阿尔特穆斯（Steve

Altemus）说："我们不是房间里最聪明的人，认识到这一点很重要，那个聪明人可能就坐在某个角落。我们必须努力鼓励他们分享自己的想法，因为答案就在他们手里。"[5]

知识保留通常与培训和内部学习过程有关，以便让知识外化在特定的员工身上。培训和内部学习的有效性是复杂的。正如本书第2章将会讲到的那样，如果环境允许，那么员工之间会非正式地直接发生大量知识保留活动。但是日渐流行的知识保留趋势是，学院和企业大学兴起。这些机构大获成功的原因有很多，其中之一是它们往往会雇用资深学者作为讲师。例如，苹果大学雇用了耶鲁大学管理学院前院长、哈佛大学和斯坦福大学的前教授乔尔·波多尼（Joel Podolny），之后还招募了数名类似资历的学者加入其师资队伍，微软也曾做过类似的努力。这些机构拥有一些区别于传统培训的共同特征：它们的教学互动性更强；相较于企业培训课程的典型培训师，它们的讲师更富有经验；上课通常是自愿的。在NASA、苹果公司等组织，某些课程会讲授宝贵的机构经验知识，被选中参加这些课程是荣誉的象征。

知识转移和扩散描述的是如何有意识地在不同人员或集体之间共享知识。这可能发生在组织内的任何一个层级，可能是一对一，可能是一对多，也可能是团队对团队。许多管理者、组织理论家和经济学家假定，如果组织中的一部分（比如某部门或团队）拥有某项知识，整个组织就掌握了这项知识。但是，这不是事实。由于各种原因，知识具有黏性——往往会滞留在它的原开发地。[6]

许多知识共享活动忽视了知识转移的障碍，包括所转移的知识是否可靠以及后勤因素。传递和借用复杂又隐性的事物本来就困难重重，知识转移还可能涉及交易成本。前面我们讲过，很多知识转移活动是通过非正式渠道发生的，随意或自发的交谈触发了新的火花。通过电子邮件（更糟糕的是经验教训数据库）分享的重要课程，不太能找到听众。而讨论则不同，在讨论中听者能够鼓励、质疑和评估知识，然后再决定是否基于这一知识采取行动。

但是请不要误解，这并不是否认文件的重要性。Square公司的高级软件工程师雷·瑞安（Ray Ryan）强调了用文字捕获想法，以协助在对话中进行知识转移的重要性。"很重要的一点是把事情写下来，并且教会其他人也写下来，同时乐于阅读别人写下的东西。"他说，"大家的谈话围绕文件进行。"[7]关键区别在于，当文字形式的知识成功驱动对话时，其自身的价值最有可能被证明。

鼓励知识转移的方法之一是建设社会性基础设施，让员工得以分享其所知。提供学习空间的组织对知识固有的社会性有更深层次的理解。日本人熟知这个概念，日本有个词叫"场"，描述的就是创造有共同意义的场所。[8]瑞士制药巨头诺华（Novartis）

改建了许多巴塞尔老建筑，目的是让人们可以更多地在大楼各处的开放区域里不期而遇。相关专业建筑师和咨询顾问也为这个目标贡献了力量，他们的专长就是打造鼓励进行知识交流的空间。[9] 苹果公司在设计其位于库比蒂诺的总部大楼时，也打造了易于不期而遇的空间，从而让人们可以临时交谈和邂逅。[10] 这借鉴了史蒂夫·乔布斯（Steve Jobs）曾经的一个灵感。出于同一目的，乔布斯在设计皮克斯总部时把卫生间设在了大楼中庭。[11] 今天，在许多高科技公司的办公室里，休闲椅的旁边都有咖啡吧。不过，只有当人们如设计初衷那样自由使用它们时，这些空间才能发挥作用。

就空间而言，设计很重要。在过去十年，组织更多地会选择开放式办公室，本意可能是鼓励员工更好地协作和交谈。但是研究发现，许多开放式工作空间已经事与愿违。嘈杂的环境让人们难以集中注意力，从而导致压力上升，这反而让人们更加依赖电子邮件和即时通信。[12]

除了物理场所，活动为知识转移提供了一种不同类型的空间。NASA就广泛使用了这种方法——内部和外部演讲者齐上阵以促进知识的流动，同时预留充足的时间让人们聊天，或者举行非正式会议。NASA经常召开研讨会，反思和捕捉项目中的经验教训。比如当航天飞机计划接近尾声时，NASA项目学院举行了一系列知识共享会议，探讨该计划数十年生命周期中出现的各种问题。虚拟活动也可以提供类似的对话空间，不过这一环境下没有了非正式互动。

另一个促进知识转移和扩散的方法是把拥有特殊知识的员工转调到需要这一知识的地方。这听起来容易，但事实证明困难重重，因为全球性公司在跨国、跨地区调动员工时往往会遇到阻力。另一个障碍是，知识不仅有黏性，而且正如前文所述，往往还具有情境依赖性：一个创意在某个环境下运行良好，但是换个环境就不同了。

一些大型能源公司通过调任人员来转移知识。英国石油公司（BP）是最早有意识地实施知识计划的大型全球性公司之一。它充分利用了调动员工这一方法，曾把精通深海钻探技术的工作人员从中国南海调到墨西哥湾。尽管英国石油公司拥有充足的文件和通信工具来传播这些知识，同时面临着管理人员对巨大的文化差异不适应的挑战，但对于具有高度创新性的技术而言，现场演示和协作的价值是非凡的，它让最直接的知识转移成为可能。

## 识别关键知识

在任何大型组织中，捕获所有知识，甚至只是粗略地识别出所有知识，即使不是完全不可能，显然也是荒诞的。但是的确有组织进行过此类尝试。这种荒诞做法在很大程度上源于三个谬误。第一个谬误是，技术供应商和咨询顾问所推销的企业软件可以制作组织知识目录，或者作为员工分享知识的门户。后者具有一定的价值，但可惜其假设前提是错误的，即个体是组织中最重要的知识分析单位。

第二个谬误是相信组织知识是一种客观的、有形的事物，可以被识别、控制，并以百科全书的形式固定下来（这个概念也是技术供应商和咨询顾问所推销的）。一个著名的例子是，克莱斯勒（Chrysler）曾于20世纪80年代后期花费大量资金为其汽车平台团队开发"工程知识手册"，但系统中的课程都有其各自的情境，脱离了这些情境，课程的很大一部分意义已经丢失。[13]与许多其他类似的失败项目一样，这个例子中的主要问题是分析单元过于精细，过于侧重无法编码化的隐性知识。试图记录大型工业企业中的个体知识是徒劳的。

相反，NASA把重点放在其十个下属中心和任务局的机构能力上。例如，密西西比州的斯坦尼斯航天中心（Stennis Space Center）拥有火箭发动机测试领域全面的专业知识，而休斯敦的约翰逊航天中心是载人航天飞行知识的主要汇聚点。作为NASA统一知识计划的一部分，来自NASA十个下属中心和任务局的知识专家们定期会面，以便建立关系，同时更好地认识NASA的整体能力。

第三个谬误是，知识是可以被捕获的。这个想法把知识与信息混为一谈，但目前仍有部分拥趸。在20世纪90年代，人们普遍认为，一个组织如果能够在正确的时间向正确的人提供正确的信息，就能永葆繁荣。这是基于对知识性质的错误理解而产生的"张冠李戴"。图书馆似的信息管理系统可能非常有用，但是跟知识没有什么关系。

关于知识的乌托邦式幻想普遍存在，且大多基于这样一种观念：组织如果知道自己知道什么，就可以所向无敌。在这个观念出现之前，还存在一个观念：组织如果可以在正确的时间提供正确的信息给正确的人，就能成功解决问题。可惜以上观念都不准确。要想知道一个组织真正知道什么，就需要更加复杂和精密的系统来识别谁知道什么，以及他们在哪里。包括麦肯锡（McKinsey）和高盛（Goldman Sachs）在内的许多咨询公司和律师事务所都构建过这样的系统，这些系统能够大大提升组织内部知识市场的有效性和高效性。不过，大多数组织仍然把关注点错误地放在"什么"而不是"谁"上。

虽然组织在捕获知识时要有上述的审慎态度，但是组织仍然有充分的理由去尝试识别、定位和评估关键知识的价值、流行度和可访问性。要想使这项工作劳有所值，至关重要的是把知识需求看作动态变化着的，而不是静止不动的。如果像研究人员说的那样，动态能力代表一个组织"整合、构建和重新配置内部和外部技能以应对瞬息万变的环境"的能力，那么很难想象组织不首先了解支持这些技能的潜在知识结构，就能够具备这种能力。[14]

并非所有知识对于有效工作能力而言都是至关重要的，这在很大程度上取决于组织的产品或服务、交付产品或服务的复杂性，以及市场竞争情况。NASA用"关键任务知识"（mission-critical knowledge）这一术语来描述这种区别。我们知道的最佳探索方法是提出一系列问题，比如，"我们掌握的哪些知识能让我们做好工作？""我们需要掌握哪些目前还未掌握的知识？"读者可以参考本章最后一节所列的问题，从这些问题开始着手。

颗粒度也是重要因素，即评估关键知识应以什么为分析单位？首先不应以个人为单位，因为知识是一种社会性因素。NASA把与组织战略有直接关联的宇航局层级的领导团队确定为主要分析单位，而其他公司使用的主要单位是部门、人际网络、社群、任务小组以及其他集体单位。分析单位通常由组织激励措施驱动，例如，在因发表报告而奖励员工的组织中，分析单位就是报告，而不是制作报告的团队。明确了这一点，组织才能更有成效地讨论如何区分知识输出和知识成果。

# 知识经济

知识对任何组织来说都是至关重要的，经济学家已对此达成共识。但是关于这一主题的研究和分析还不够多，远远不能与其价值相称。麻省理工学院的权威组织经济学家罗伯特·吉本斯（Robert Gibbons）说："组织经济学所讨论的话题与真实组织的生产力之间，仍存在深深的鸿沟，也许最大的鸿沟与知识有关。"[15]原因可大致归纳为以下三点。

首先，如前文所述，知识是一种重要的无形资产。其他重要的无形资产包括文化、士气、信任，以及约翰·梅纳德·凯恩斯（John Maynard Keynes）所说的动物精神———一种具有感染力的积极乐观精神，不遵循任何数学概率定理。[16]知识的无形特性使它很难被度量，而度量是经济学的核心。虽然经济学家已在社会网络分析领域开展了有趣的研究，但是知识固有的社会性使其几乎无法被量化。一个公司有多少博士毕业生，对于我们了解其关键知识没有任何帮助。

其次，没有公认的知识分析单位。经济学家能够度量一个国家或一个网络层面的信息存储量和信息流量，但是由于没有公认的知识分析单位，他们在知识领域探索得还不够深入。结果是，他们采用了精确度并不高的替代方法。知识产权的度量方法包括专利数量或出版物数量，其他替代方法包括度量培训费用或信息技术费用。但是哪个度量方法都没有很好地体现知识的经济价值。想一想施乐帕克研究中心（Xerox PARC）在20世纪70年代末期拥有的知识在短短几年就被史蒂夫·乔布斯的苹果公司成功解密，在那之前，经济学家怎样精确度量这些知识的价值呢？

最后，对很多行业而言，知识更多的只是中间产物，而不是组织的最终产品。以汽车生产商为例，公司虽然仰赖于源源不断的新知识及现有知识，但汽车才是真正重要的最终产出。可是对于咨询公司、大学、智库等组织而言，知识就是产品，所以其分析单位往往是可以估值、售卖或用于公益的新知识开发。NASA是一个有趣的例外，因为作为公共组织，它的核心工作是研究和开发，NASA生产的知识跟有形的火箭、宇宙飞船和设备仪器一样重要。

虽然经济学家很难确定知识的价值，但是很多研究者在探讨知识的相关成本——特别是知识转移成本。知识不会像水一样自由流动，也不会像信息和数据那样快速低廉地传递。由于知识是社会性的，其交易成本基本上是组织识别、定位、评估和适配知识所需时间的求和函数。寻找知识来源所需的时间只占总成本中相对较小的一部分。劳伦斯及其同事阿尔·雅各布森（Al Jacobson）发现，在获取新知识时，80%的时间耗费在提取人员的知识，然后调整知识以适应特定情境这一过程中。[17]成本的真正驱动因素是社会性的。在全球性组织中，时空限制可能会妨碍实时对话，其他可能的障碍包括组织文化和组织激励。在竞争激烈的文化中，员工如果独守知识以保持其相对于他人的优势，或者认为花时间共享知识会侵占自己的工作时间，就会阻碍知识共享。

## 知识管理

爱德华在成为NASA历史上第一位首席知识官后面临的挑战是开辟一条全局统一的知识管理道路，以便提升NASA的总体知识能力，让监督NASA行为的外部利益相关者满意，同时取得与NASA各下属中心和各任务局的知识官的合作。当时NASA各下属中心的知识计划千差万别，有的是基本的框架计划，有的则是基于技术的复杂系统。有的下属中心、任务局和功能办公室慷慨地分享知识，而有的更像是封闭社区。爱德华早就清楚，任何集中管理知识的努力都会"见光死"。但与此同时，要想取得进展，在整个NASA进行统一协调和公开共享就必须成为新的范式。

在计划召开NASA知识社群的第一次面对面会议时，爱德华的目标是使大家对指导原则达成一致意见。这些原则要足够宽泛，让人感到包容性，还要足够具体，能够带来积极的变化。知识社群指的是NASA各部门负责知识相关工作的员工。当会议结束时，知识社群就五点原则达成共识。这五点最终成为NASA统一知识管理模式的核心。

- 我们承认，知识内嵌在我们为获得真正结果而从事的全部工作流程中。
- 我们鼓励整个社群范围的知识获取、访问、共享和再利用。
- 我们倡导组织统一标准，同时尊重本地文化。
- 为使所有利益相关者达成共识，我们力求使知识可操作化，给知识打上"烙印"——它是什么，不是什么，以及我们如何有效使用它。
- 我们跨组织边界协作，摒弃孤岛思维，持续评估我们的有效性（人员、流程和系统）。

NASA知识社群采用的管理模式是联邦式，联邦式管理的最大优点是它提供了解决组织政治和利益冲突的途径。[18]NASA的这种管理模式一方面认可各下属中心所持有的本地知识的价值，另一方面提供机会让各下属中心都能"利用"别人的工作。它还确保各下属中心在高级管理层都有代表。这种模式规避了爱德华预测的集中式或君主式管理的危险，同时实现了优于封建式系统的统一性。封建式系统意味着本地领导者控制知识访问，不存在全组织范围的公共语言。

这里有必要强调的一点是，组织的知识管理结构需要适应其文化和战略，以及组织所在国家或地区的文化。一些组织强烈需要君主式管理，比如情报机关，而拥有多个迥然不同的主产品或办公地点分散的组织可能更适合采用封建式系统。

就联邦式管理结构达成一致意见后，知识社群致力于编制NASA知识资产清单，并按照上述五大原则制定知识政策。这些活动为NASA之后形成整体知识管理方法奠定了基石，即对每个下属中心或任务局的能力的合理理解。作为首席知识官，爱德华的主要职责是整合这些知识社群，并代表社群向NASA高级领导层和外部利益相关者进行宣传。在知识社群的第二次会议上，肯尼迪航天中心（Kennedy Space Center）的年轻专家比利·麦克米伦（Billy McMillan）被邀参会，他所说的一段话蕴含着对知识的深刻理解："解决方案不是软件系统，组织不需要软件，需要的是改变我们彼此互动的方式。"[19]

# 知识管理十大原则

第一，知识是具有极大社会性的人类活动。虽然我们可以用流程、规则或系统来表示知识，但是它从根本上说是一项人类活动。它包括判断力、辨别力，以及机器尚无法企及的丰富理解力，除了在人类的指示下。

第二，知识就是知识，不是别的事物。知识不是信息，不是数据，也不是智慧。它是理解限定主题的一种方式，以便从业人员可以基于这种理解采取行动。

第三，知识具有时效性。知识是变化着的，新知识被开发出来，并取代旧知识。自从人类开始取得成就，就一直如此。就连最确定的公认知识，比如牛顿定律，也在过去一百年里经历过修正。

第四，知识可以被观察到、被理解，但是无法被捕获。知识在很大程度上是隐性的，且一向如此。这类隐性实践知识无法轻易用文档记录，或者通过观察来捕获。

第五，知识很昂贵。要想成为某个领域的知识渊博人士，你需要付出时间、精力和专注力。没有捷径可以让你获得知识，某人可以凭直觉突发灵感，但即便是直觉，其效力也依赖以往的知识。

第六，人、创意和物是我们拥有的一切。这是对经济学家保罗·罗默（Paul Romer）提出的强大概念的简单概括。一百年前，世界主要以物为基础运行，物即有形的物品，从鞋子到石油，范围广泛。现在，物仍然十分重要，但是全球经济的基础正越来越转向创意，比如能够用算法、应用程序、药物开发工具和金融工具等捕获的创意。

第七，不存在个人知识，只存在个人记忆。没有人拥有别人不知道的有用知识，知识是由经验测试过的一种社会建构。

第八，也许最好的方式是把知识理解和描述为"事实知识和实践知识"。大多数人知道巴黎是法国的首都，这是事实知识。但是理解法国文化乃至游览巴黎的最佳方式，则需要实践知识。

第九，经验不会自动转化为知识，而是需要被框架化、社会化，并在实践中使用。

第十，知识是个跨学科主题。我们几乎可以从所有社会学科和许多人文学科的视角来处理和分析知识。挑战在于，社会学科和人文学科所使用的词汇和研究流程不同，这使得它们很难达成关于知识的一般性理论。

## 如何开展知识工作

为了了解组织的知识或改进组织的知识实践,从业人员能做些什么?我们的建议包括四个方面。

第一,选择分析单位。分析单位应与特定地点或结构相对应,这些地点或结构可以被视为对业务成果或战略有重要影响的知识中心或热点。分析单位通常需要有一个目标明确的集体,比如团队、人际网络、社群、分支或部门。最好把分析单位限制在150人以内,因为这个人数是个人社交圈里熟知人数的上限。这也被称为邓巴数字,以人类学家罗宾·邓巴(Robin Dunbar)的名字命名。

第二,识别关键知识。知识是社会性的、无形的,而不是可以被捕获的"物"。在讨论知识时,作为起点,我们可以提出以下问题:

- 优势:我们的竞争优势来自哪里?
  我们知道的哪些东西能让我们做好工作?
  我们知道的哪些东西能让我们不同于他人?
- 差距:我们能看到哪些机会以及哪些缺陷?
  我们需要知道哪些目前还不知道的东西?

　　　　我们需要学习什么才能换种方式工作？

　　　　我们知道的哪些东西将来可能会消失？

- 开发：怎样开发新知识？
- 创新：新想法来自哪里？

　　　　组织创新能力如何？

　　　　团队创新能力如何？

- 学习：组织支持学习的力度如何？

　　　　团队支持学习的力度如何？

- 解决问题：组织解决未曾预见问题的能力如何？

　　　　　团队解决未曾预见问题的能力如何？

- 保留：我们如何内嵌已有知识以保留知识？
- 转移：如何在全组织共享我们的知识？

　　　　哪些激励能促进知识共享和学习？

　　　　我们能确定哪些知识交易成本？

　　　　哪些因素妨碍知识共享和学习？

　　　　员工有时间分享他们的知识吗？

　　　　员工有空间分享他们的知识吗？

　　第三，确定知识管理模式。这能够反映你所在组织的结构。联邦式管理正日益成为去中心化大型组织的知识管理规范。集中式管理适合应用于无法达成一致意见的环境，只要将文化和激励公开即可，而联邦式管理则需要达成一致意见。最重要的是，知识管理模式应该符合并反映组织文化。

第四，创意不会说话。就采用创意而言，组织不是精英领导体制。等级制度中的决策者在制定决策时，其动机几乎永远都是复杂的，而不纯粹是这个创意的潜在价值。在创意到达决策层之前，先销售它（是的，是销售），途径包括交谈和发挥影响力。成功包装创意的人知道，传递信息的人跟信息本身同样重要。辨识和培养拥有良好声誉和强大人脉的拥护者，是这一过程至关重要的一部分。懂得如何把创意与听众最关心、最感兴趣的问题联系起来，也很重要。跟知识一样，劝说在本质上也是社会性的。

# 第 2 章 学习

剧变时代，未来属于学习者，而博学但不变通者往往会发现，他们精通的知识所适合的世界已经不复存在。

——埃里克·霍弗（Eric Hoffer），《反思人类生存条件》（*Reflections on the Human Condition*）

20世纪90年代，爱德华在创立NASA项目学院时，为学院安排了一个永久驻地，位置为美国弗吉尼亚州沃洛普斯岛上的NASA沃洛普斯飞行基地（Wallops Flight Facility）。第二次世界大战结束后，该岛上建有一个政府火箭测试基地。把NASA各下属中心的新兴领导者召集到一个偏僻角落，有助于增进计划参与者之间的情感联结，这一经历让他们摆脱了因所属不同组织而产生的竖井效应。沃洛普斯飞行基地的宿舍和食堂给人一种昔日夏令营的感觉。每座楼前都有一排自行车，参与者可以自由使用，在基地各处骑行。白天，他们在教室里进行漫长的交谈和讨论，晚上，他们还在餐厅和酒吧里继续。

有一年，讨论的主题是NASA局长丹·戈尔丁（Dan Goldin）的管理哲学——"更快、更好、更便宜"。[1]戈尔丁于1992年到NASA任职，当时NASA刚刚度过一段艰难的日子，比如挑战者号航天飞机失事，哈勃空间望远镜在发射时主镜片存在重大缺陷。戈尔丁决心通过改革让NASA重振雄风，他非常重视技术队伍的培养。每次召开项目管理培训会，戈尔丁都会在晚上从NASA总部飞到沃洛普斯致辞。戈尔丁的讲话总能引起热烈讨论，且讨论会一直持续到深夜。

听说戈尔丁要来，与会者提出了反对意见，他们认为"更快、更好、更便宜"对于NASA而言就是行不通，因为政策准则和项目控制流程过于烦琐苛刻，会议太多，同时官僚主义密不透风。当时戈尔丁的副手、美国海军陆战队前助理指挥官杰克·戴利（Jack Dailey）将军听说了培训班学员的反对意见，他对爱德华说，只要学员乐于提出解决方案而不是空发牢骚，他就愿意过来认真聆听他们的意见。

爱德华与一名讲师进行了一场格外激烈的课堂讨论，并告诉学员，他们将会有一个直接向NASA高层领导表达意见的机会。他说："如果你们愿意进行实质性的对话，那么杰克·戴利将军同意过来和大家交流。"班里沉默了片刻，然后大家开始讨论毫不掩饰地讲真话会有什么好处和坏处。有人说应该讲真话，有人说不行；有人担心这样做会影响他们的职业前途，也有人担心讲真话的后果是，培训课程结束后他们被踢出航天飞行项目，并被派去负责官僚机构的变革管理工作。但是大家最终同意在一周后与戴利会面。

现在，他们必须作为一个团队共同努力，向关键决策者提出逻辑清晰的统一论点，但他们却无法就任何事情达成一致。虽然这个班级以男性为主，但是爱德华却认为一位安静的女士是迎接这个机遇的理想领导者。他看得出，同学们都很尊重她，而且她娴静的气质可以让这群吵闹的男人相互倾听。"这件事应该由你来领导。"爱德华私下里跟她说。她很惊讶，但勇敢地接受了挑战。

最后，团队团结起来，一起提出了几点建议，目的是为NASA项目管理程序注入灵活性。戴利虚心倾听了他们的报告。课程结束后，班里一些人继续为这些问题而努力。虽然结果并不完美——正如许多矫正工作一样，矫正带来了未曾预见的新问题，但是参与者亲自体验了团队学习，以实现一个在组织最高层级具有价值和意义的目标。

这个班级的经历验证了一个鲜被承认的道理：学习会令人不快乐，特别是当需要打破现状的时候。戈尔丁给NASA提出一个挑战：变革还是灭亡。每个组织或早或晚都会经历这个转折点，当过去曾造就成功的那些行为、流程和方法，如今却导致组织停滞或失败时，会发生什么呢？谁能确保组织持续学习和发展？

## 三个层级的学习

专业背景下的学习不是个人的孤立活动，它发生在更广泛的语境里，其中必然包括行动。学习的起点是经验或难题，这一经验或难题会引发人们对现状的反思，然后建立抽象假设来解决这一经验或难题。最后人们在实验中行动，实验带来新的经验，从而建立新的循环。没有经验，学习就会变成一系列互不相关的抽象概念。[2]

学习往往会遭遇抗拒，因为它需要人们改变思维方式、技能和表现。这些改变可能是困难的，甚至是痛苦的，因此会引发强烈的情绪。人们通常很少会关注学习的情绪维度，除非把情绪维度算作变革管理的一部分，但是学习从来都不仅仅是纯粹的认知体验。

学习这个词往往会让人想到培训。我们一直认为，培训不是学习的贴切近义词，因为培训经常被视为训练狗之类的事。传统培训意味着课堂练习，由同僚或咨询顾问讲授组织的流程、惯例、技术或预期行为。近年来，很大一部分传统培训工作已经被转移到线上，但是其内容变化不大。在项目语境下，传统培训方式主要有三个缺点：第一，这些活动很少反映员工的实际学习方式；第二，几乎没有留出实质性讨论和反馈的空间；第三，几乎没有与组织其他层级的学习结合在一起。很少有员工对培训怀有好感，许多人说，培训的主要价值在于见见同事，和他们分享故事。

一个简单的事实是，大多数人主要是在工作中相互学习的，从正式培训中学到的东西很少是关键性的，且往往是无关紧要的。[3] 幸运的是，在专业背景下，培训只是众多学习方式之一。工作轮调、实操机会、难题挑战和竞赛（比如黑客马拉松）、故事论坛以及与大学的合作伙伴计划，都可以为个人提供宝贵的学习经历。

一般来说，人们对团队学习的关注远远少于个人层级的学习。敏捷运动让人们把关注点重新聚焦到团队在项目绩效中的首要作用上，还让人们认识到面对面对话的重要性，以及定期让团队进行反思的必要性。除了敏捷运动，专门致力于推动团队学习的努力往往只是零星事件。有时，团队会拿出一天时间来开务虚研讨会；有时，团队的努力会成为他人可以利用的经验教训或案例。基于项目的组织如果没有开展敏捷运动，那么除非涉及法规或安全问题，否则它很少会采取更正式的举措来推动团队学习。由于项目团队通常是临时组建的，因此他们的学习经历经常会作为故事流传下去，成为公司学习库和文化的一部分。

组织层级的学习更为少见。这自然引出一个合理的问题：组织是否有学习的可能？组织学习概念（以及集体智慧等相关概念）主要基于一个想法：在由员工、合作伙伴和利益相关者组成的集体中，存在解决问题所需的足够知识。但是，这究竟是如何发生的？谁对预期成果负责？凯蒂·史密斯·米尔韦（Katie Smith Milway）和埃米·萨克斯顿（Amy Saxton）指出了组织学习面临的三大挑战：衡量组织知识和相关成果的标准不明确，学习激励机制不佳，以及在整个组织中创造和转移知识的最佳方式不确定。[4]

当面临生存威胁或系统性挑战时，公司有时会在全组织范围内开展学习（比如墨西哥卷饼快餐店Chipotle和星巴克：Chipotle反复发生食物中毒事件，于是公司针对所有员工进行再培训，而星巴克是为了应对种族偏见相关问题[5]）。有时，敏捷或精益方法等举措会渗入整个组织，但这类活动通常始于工程、运营或信息技术部门，然后才得到高管的支持和倡导。即使在上述情况下，学习通常也不会被视作组织成果，因为敏捷运动一般侧重的是产品或服务交付层面。尽管全组织范围的学习不总是必要的，或者不总是可行的，但组织仍然担负着一个重要职能：在需要的时间和地点，为组织学习提供协助。

虽然人们把大部分关注集中在个人学习上，但是聪明的组织已经认识到，把学习视作在三个层级的综合努力，将会对组织大有裨益。

- 组织层级——提升绩效和创新的可持续性。
- 团队层级——使项目取得成功。
- 个人层级——培养胜任力、能力和信心。

这让高级管理层能够更好地理解组织文化，并在必要时找到变革组织文化的具体方法。领导者可以评估组织的社会性基础设施，并寻找机会把学习整合到员工的实际工作中。团队可以获得外部知识和指导，还能直接向组织中更有经验的团队学习。所有员工都能学习组织的故事、价值观和战略，而不是通过培训，最重要的是，员工能够明白自身职责与组织执行任务的能力之间的关联。

## 组织学习

2003年1月16日，哥伦比亚号航天飞机从美国肯尼迪航天中心升空，开启了STS-107飞行任务。一天后，分析员在回看发射过程的高速摄影图像时注意到，在发射81.7秒后，哥伦比亚号航天飞机的左翼前缘因遭到航天飞机外部燃料箱脱落碎片的撞击而有所破损。在接下来的几天里，哥伦比亚号上的宇航员在太空中忙于执行任务，与此同时，地面团队在奋力确认航天飞机的受损程度及可能的后果。与机组人员的沟通大大降低了人们对机翼破损的担忧，大家都以为这只是哥伦比亚号返回地球后的例行维护问题。尽管部分工程师对破损表示了严重担忧，但任务管理团队的结论是，这不是"危及飞行安全的问题"。[6]2003年2月1日，当哥伦比亚号航天飞机返回地球大气层时，受损机身无法承受重返大气层产生的热量，航天飞机破碎解体，机组人员全部遇难。

哥伦比亚号事故迫使NASA进行内部问责。事故调查报告指出，本该在1986年挑战者号事故后就开始的学习活动却从未发生。这里的学习主要涉及组织行为，而不是技术知识。在两起事故发生前，员工都把持续存在的技术问题"正常化"，严重低估了具有潜在灾难性后果的风险。许多人认为存在问题，但是不愿意发声，而当技术专家大胆地讲出来时，管理层或者驳回，或者干脆无视。NASA没有以明示或暗示的方式教员工吸取挑战者号事故的教训。

之后，情况发生了变化。NASA改革了管理模式，建立了正式的流程以保护不同意见，而且制定了学习战略，以确保NASA

的知识和学习处于良好状况。作为NASA项目学院的负责人，爱德华会向组织的首席工程师做汇报，后者向NASA局长做汇报，而局长是总统直接任命的机构领导人。这种结构设计简单，确保了员工与高层领导和技术人员之间的紧密联系。

要想保持知识和学习活动在高层眼中的可见度，一个重要因素是NASA项目管理委员会（Program Management Council）的季度审查。该委员会是NASA三大顶级管理机构之一。季度审查类似对主要太空飞行计划的定期高层审查，是定期的正式会议，负责审查绩效、问题和机遇。审查会议要确保学习符合组织战略和任务绩效。这些会议的可见度高，从而带来另一个好处，即可以向全体员工直接传达学习和知识的重要性。

这一经验指出了学习和知识活动取得成功的一个核心要求：必须与高级领导层保持高度一致，并由高层管理，不能将其作为脱离整体战略的人力职能来运行。领导层的支持和参与至关重要。在NASA项目学院，来自工程、项目管理、安全、商业和科学部门的领导者负责确定关键能力、设计学习活动，并担当学院员工。在此类教育活动中，高管能够听到从业人员针对真实工作情况的对话——包括正面和负面情况。NASA的许多政策和标准都是通过高层领导和从业人员之间的交互而制定和设计出来的。更重要的一点是，绝大多数高层领导经历了跟员工一样的学习过程。学习社群和学习网络包含NASA的各类人员。

组织可以使用信号和激励来传达关于学习价值的信息。在较高层级，组织所做的努力通常可以总结为两类：投资基础学习设施和通过文化来强化学习。

大量投资基础学习设施的活动所释放的信号是，管理层是真的在下血本，虽然金钱远远没有符合组织战略和工作方式的明智举措重要。过度投资基于技术的解决方案或设计不当的培训，结果可能事与愿违，从而导致挫折感和士气低迷。投资基础学习设施主要包括：整合、资源、时间和空间以及网络。

整合。整合往往依赖于设立学习或知识办公室。如今许多组织都在任命首席学习官或首席知识官，职位名称不重要，重要的是高级领导层的支持，与业务战略明确且必要的连接，以及在组织从业人员眼中的可信性。还有一点怎么强调也不过分，那就是组织学习必须聚焦于满足领导者的战略需求和从业人员的战术需求。通常，组织学习范围内的学科（比如组织发展、知识管理、流程管理或创新）往往只关注各自的领域，侧重于本领域的发展，而不是它们所服务的组织。学习必须以领导者和从业人员为中心，这样才能帮助个人和团队找到一个最佳方案，而不是唯一最佳方案。

在NASA项目学院创立之初，学院的根据地设在NASA庞大的人力资源部门内。这说明学院在组织里的地位并不高，毕竟这是一个高度重视卓越工程的组织。后来爱德华抓住机会，把学院搬进首席工程师办公室，并将工程领导力发展纳入学院使命。这时，学院十分靠近首席工程师，这向技术人员传达的信息是，学习十分重要。几年后，当NASA领导层邀请爱德华担任第一任首席知识官时，他坚持不搬去NASA局长办公室，而是留在工程组织部门，目的是维持学院在从业人员中间的信誉，因为这是经过多年时间才逐渐建立起来的，来之不易。此外，如前文所述，高级领导层对学习和知识系统的季度审查，增强了整合性，确保了学习符合组织战略的要求。

资源。资源包括实物资产和数字资产，比如图书馆、数据库、出版物和专家网络。对于全球咨询公司而言，员工的快速学习能力是成功进行客户服务的重要条件。据说，私有合伙公司麦肯锡至少把其1/10的收益投资于知识和学习。[7]大型投资公司大量投资于卖方研究、直接的专家资源以及期刊和简报订阅。律师事务所也有类似支出。

时间和空间。在这个时间越来越能与金钱画等号的世界里，组织可以通过给人员提供学习时间来激励其学习，比如谷歌就鼓励工程师将1/5时间花在个人项目上，这个"20%项目"产生了Gmail和AdSense等产品。此外，组织还可以指定专有时间用于参加会议、研讨会、课程或"创客盛典"（Maker Faires）。正如第1章详细论述的那样，空间——包括物理及其他类型的空间——也在学习中扮演着重要的角色，比如黑客马拉松就是创造学习空间的一个例子。

网络。从根本上说，每家公司都充斥着内含技术知识和实践知识的网络。Square公司的雷·瑞安说："一小部分是'我知道'，更多的是'我知道谁知道'。"[8]组织层级的挑战在于使员工尽可能无缝地相互连接在一起，以便他们能够向他人学习，并分享自己的知识。劳伦斯和卡特里娜·皮尤（Katrina Pugh）针对知识网络的相关研究指出，知识网络可能拥有四个不同目标：协调、学习或创新、翻译或本地化、支持个体成员。[9]鉴于目标覆盖范围广泛，没有最佳方法可供组织开发和利用网络。成功的网络能够反映组织文化和共同使命感。麦肯锡的数千名咨询顾问分布在全球各地，他们被期待在24小时内回复来自公司任一顾问的电话。[10]体验人际网络中的这种即时响应能力，能够在组织内培养强烈的互惠意识。

爱德华发现，NASA一些最成功的网络采用了不同的激励机制来鼓励员工参与。在哥伦比亚号航天飞机事故发生后成立的NESC（NASA工程和安全中心，NASA Engineering & Safety Center），从NASA各下属中心挑选最优秀的工程师组成精英网络，负责为面临技术挑战的计划和项目提供独立评估。NESC的创始人挑选了数名专家，并在不影响其日常工作的前提下邀请他们加入网络，由此获得了供应方的支持。同时该网络仅在接到请求时才提供服务，由此获得了需求方的支持。这一网络之所以能蓬勃发展，是因为没有自上而下的压力。

学习型组织同时投资于能够拓展其影响范围和能力的外部网络，既包括专业协会会员资格的网络（比如电气工程师网络和医生网络），也包括商业方面的专家网络，比如美国格理集团（GLG）网络——格理集团可以帮助客户按需访问来自各行业、工业部门和地区的数十万专家。还有一些网络是完全远程和不共时的。全球各个年龄段的软件开发人员都依赖技术问答网站Stack Overflow，这是一个由一千万注册用户组成的网络，用户调试程序并共享解决方案。学习越来越成为一个由外而内的机遇。

有人在想到知识网络时，大脑首先浮现的例子是实践社群或兴趣社群。劳伦斯用一个简单的类比来区分网络和社群：精英大学的校友共同构成一个网络，他们是相互关联的，但彼此并不认识；社群的规模更小、更私人化，成员相互了解、相互关心。实践社群或兴趣社群的价值可能特别高，但是涵盖的范围比网络小。虽然组织可以在组织层级组建社群，但是如果缺乏存活所需的连续性，那么社群很快就会变成无人的"鬼城"。

基础设施能帮助组织的只有这些，学习型文化的存在才真正代表着学习的重要性。拥有健身器材是一回事，每天习惯性地使用器材是另一回事。学习型文化的部分特征包括认可、领导层的支持和参与、迭代实验、去学习化，以及建立连接等。

第一，认可。企业可以通过多种方式来认可学习的价值。对学习做出承诺的高层管理人员能否得到顶级职位？NASA项目学院花费了十年时间来培养新兴领导，其中一些校友跃升到了机构的顶层。2004年，NASA新任局长将一名校友任命为NASA首席工程师，之后又迅速将他提拔为机构中职位最高的公务员，接替他的首席工程师也是NASA项目学院的校友和支持者。来自崇尚学习的领导的认可，向人们传达了NASA的工作重点。当时，NASA刚从哥伦比亚号航天飞机事故中恢复过来，准备开启新的载人航天飞行任务。

组织还可以举办活动，明确承认甚至赞美犯错的重要性，从而认可学习。尽管"快速失败"几十年来一直是硅谷的流行语，但是光有速度还不够，没有反思的失败只会让相同的错误继续下去。世界银行曾举办失败展会（FAILfaires），分享了来自未成功举措的经验教训。[11]通过告诉人们失败是学习过程中的一种预期，组织可以鼓励健康的对话，而不是促使人们掩盖自己的失败。世界银行不是唯一一家分享失败的大型机构，包括盖茨基金会在内的其他机构也曾举办"失败庆典"。新加坡管理大学的罗纳德·布莱德劳（Ronald Bledlow）发现，别人的失败故事能够以一种成功故事无法达成的方式激发学习动机。他说："跟别人的成功相比，人们其实从他人的失败里学到的更多，所保持的记忆也更加详尽。"[12]

第二，领导层的支持和参与。学习型文化需要组织顶层的支持和倡导，领导者会参与能够展现其学习承诺的活动吗？第一代NASA项目学院强调，领导者也是讲师，项目管理培训课程由高级项目经理教授。后来，高层领导会定期参加NASA的年度项目管理会议，与资深从业人员共同分享战略洞察。

许多其他组织的领导也在用实际行动证明着学习的重要性。美国有线电视网络媒体公司HBO的前首席执行官理查德·普莱普勒（Richard Plepler）会花几个小时的时间与入选公司总监领导力计划的小团体进行交谈，这个计划旨在培养比副总裁略低一级的管理新星。一些领导者著书立说，探讨其所在领域的重大挑战，展现其领导力，比如领英的里德·霍夫曼（Reid Hoffman）、微软的布拉德·史密斯（Brad Smith）。但是请注意，不要把这些著作与由他人代笔的励志故事混为一谈。还有一些领导者主持对话节目、播客，创办读书俱乐部，或者寻求其他新颖的方式来分享新创意。当领导者明确表示学习很重要时，这可以在整个组织中奠定一种基调。

这些行为有助于打造一种心理安全感，即团队可以放心冒险以及提出新想法或提供批评性反馈。来自各领域和各组织的证据都已充分证明了心理安全感的重要性，心理安全感是学习型组织赖以生存的氧气。一些企业实行一种在大多数公司都很罕见的极端透明政策，比如桥水基金公司，其焦点在于营造一种公开错误而不粉饰错误的文化。

第三，迭代实验。跟员工一样，组织也是在"做中学"。在学习型组织中，在实行新计划之前，经验丰富的领导者会先进行实验，以便找到特定语境下的最佳方案。简而言之，他们从大处思考，从小处入手。在NASA，爱德华最初在开展知识共享活动和发表出版物时，只是将其作为试点，等到产出相对成熟时，他才把知识共享活动定为学院的一条正式业务线。例如，他先推出一系列名为"NASA项目集和项目管理相关问题"的报告，采用第一人称叙事，之后他启动了《ASK杂志》，一种主要侧重于让从业人员讲故事的出版物。这种方式让他能够尝试新想法并做出调整，无须面对人们对于计划正式上线的期待。特别是在涉及技术的情况下，先由一小组从业人员进行少量试运行，能够节省大量时间、金钱。

在敏捷型团队中，为加快速度、提高质量、减轻失败的冲击，实验是必不可少的。早期的小失败不仅容易应对，而且能提供学习和改进的机会。

实验将来很可能会变得更加审慎，因为今天的许多实验都属于试错类。但精明的组织把实验视作测试假设以及从数据中收集洞见的机会，而其中的假设基于概率而不是直觉。未来十年，绩效最高的组织将会更多地仰赖科学而不是猜测。[13]

第四，去学习化。如果组织想转型为学习型组织，那么其成员就必须抛弃阻碍组织前进的那些旧行为和旧习惯。例如，如果成员独守而不是共享知识，或者把团队忠诚置于更大范围的组织透明度之上，组织就必须变革旧标准，为学习的发生创造空间。正如埃德加·沙因（Edgar Schein）指出的那样，只有存在更严重的生存焦虑（比如无法适应就会丢掉工作），或者心理安全感的增强缓解了对于变革的抵抗，人们才能克服学习焦虑——尝试新事物时的畏惧心理。[14]需要再次指出的是，领导者率先表现出新行为，能够释放信号表明减少现有阻力是安全的。

与去学习化相关的一个新颖尝试是"摩擦项目"（Friction Project）。这是斯坦福大学教授罗伯特·萨顿（Robert Sutton）和哈吉·拉奥（Huggy Rao）开设的项目，旨在了解组织摩擦的成因和解决方法。[15]该项目的研究对象包括阿斯利康等企业。阿斯利康致力于在全组织范围内简化工作，目的是节约几十万小时的时间，从而开展更具建设性的项目。阿斯利康请员工识别摩擦来源，并提出减小摩擦的建议。以阿斯利康中国为例，其销售团队成功缩减了文书工作，简化了工具和流程。结果是，每位销售代表每周可节约1.7小时，每年节约的时间合计价值达600 000美元。[16]

第五，建立连接。就学习而言，连接的建立先于内容。NASA员工南希·狄克逊（Nancy Dixon）毕生研究的一个重要方向与此有关，她的研究发现，关系、信任和建立连接十分必要。[17]只有解决了"这是谁"的问题，人们才可以专注于"他们在说什么"。当被任命为NASA首席知识官后，在首次召集

NASA知识社群会议时，爱德华让与会人员围成一圈，目的是促进参与、互动和合作，看到人们的眼睛是积极参与活动的一个重要因素。等人们坐好后，NASA首席工程师迈克·瑞斯科维奇进行了开场，解释了这一项目对NASA及其未来任务的重要性。开场环节使人们建立了联系，帮助团队取得了开门红。

## 团队学习

在新冠肺炎疫情暴发初期，美国及其他国家面临着呼吸机严重短缺的困境。喷气推进实验室高层领导迅速决定开展一个项目——设计一款可以用现成商用零部件组装的呼吸机样机，以应对这一需求。[18]

2020年3月16日，VITAL呼吸机团队召开启动大会，当时团队里没有一位医疗设备开发专家。在喷气推进实验室组建团队之初，项目创始人戴维·范布伦（David Van Buren）就考虑了人员的多样性，包括年龄、性格和种族。凯里·韦斯伯格（Carey Weisberg）说："他需要积极主动、富有创造力、机智、灵活、细致、强大且善良的人。"凯里是一位光学工程师，曾担任VITAL领导团队的行政助理。[19]他们明白，接下来的学习曲线将会非常陡峭，从一开始，"接受自己的无知（至少在摆脱无知前）"就是他们的指导原则。

两个小时的项目启动大会是一堂有效的速成课。来自亨廷顿纪念医院（Huntington Memorial Hospital）的肺病学家迈克尔·古雷维奇（Michael Gurevitch）给研究小组上了一堂简短的病毒生物课，然后详细介绍了呼吸机，他带来一台呼吸机作为视觉教具。在他发言时，萨拉·霍夫塞皮安（Sarah Hovsepian）在白板上疯狂做笔记。萨拉后来在团队里担任测试协调、校核和验证方面的负责人。她在白板上列出的小标题——机器参数、强制性功能、安全要求、关键要求（医疗、操作、未知）、问题——成为团队研发呼吸机的初稿。

初期学习是自主在线研究，以填补基础知识的空白。团队成员也利用了个人的人脉网络。"我和我姐姐谈过，她是一名执业护士，她又咨询了她认识的重症监护室的工作人员和医生。"运营团队负责人斯泰茜·博兰（Stacey Boland）说，"VITAL项目的时间太紧迫，这逼迫我们走出自己的舒适区，有时不得不打电话求助。"

在美国和英国政府批准了相关呼吸机紧急使用法规后，VITAL团队继续研究呼吸机需求。需求研究依靠少数几名医生和从事医疗设备行业的熟人提供的反馈。之后，团队得以与更大范围的"兴趣社群"一起审核需求草稿，其中包括临床医师、美国食品药品监督管理局代表、呼吸机及相关设备制造商，以及团队自身的大工程社群。呼吸机需求说明负责人布雷特·肯尼迪（Brett Kennedy）说："实际上，其中一个关键方面是持续聆听临床医师的讨论，听他们讨论设备设计，以及后来讨论的测试功能。"团队实践了"彻底透明"策略，并开放编辑需求文档和其他项目材料，他们通过谷歌办公应用套装Google Suite实现了对文档的实时协同编辑。虽然时间极度紧张，但是团队清楚地知道学习和知识共享的重要性。当项目进行到申请设备许可阶段时，设计、运行和生产等子团队对会议进行录制，以捕捉经验教训。仅仅37天后，VITAL团队就成功交付了一台呼吸机样机，且该样机通过了纽约西奈山医院的验收测试。

以我们的经验而言，组织常常会忽略团队学习的重要性。NASA曾对团队学习付出重大努力，不过那是一次重要飞行任务完成之后的事情。20世纪90年代末的一天，爱德华和时任NASA局长的丹·戈尔丁一起乘飞机出行。当时，NASA的火星计划在众目睽睽之下经历了两次重大失败——火星气候轨道器和火星极地着陆器在短短几个月内接连失败。在这次飞行中，爱德华和坐在他对面的上司乘坐的是一架小型飞机，他们正飞往位于美国弗吉尼亚州南部沃洛普斯岛的NASA管理培训基地。爱德华看出自己要倒霉：上司拒绝和他说话，甚至不愿意多看他一眼。最后，戈尔丁的愤怒终于爆发出来，他清楚地表明，爱德华领导的学院未能为NASA项目团队提供支持，否则这些项目团队本可以避免火星任务的失败。爱德华承认这顿猛烈的攻击有一定的道理，于是他开始着手寻求推动NASA团队学习的最有效方式。

推动团队学习的努力应该考虑项目相关性等总体问题，能够提升心理安全感的文化因素，时间和空间，以及有针对性的支持，等等。

第一，项目相关性。在考虑团队学习时，组织应首先认识到，团队的使命或目标是否得到了组织高层的重视。在全球危机爆发之际，VITAL团队就得到了喷气推进实验室高层以及NASA领导层的支持。

作为另一个极端，如果一个临时组建的团队负责推进一个草率通过但没有得到高层领导支持的变革项目，那么该团队几乎不可能开展学习以提高绩效。道理很显然，但这种现象却不少见。在官僚体系庞大的组织中，可能每个人都见证过还没组建就注定失败的团队。从创意考虑不周到政治上的不成熟，不管原因是什么，如果团队的使命没有得到组织领导层的尊重，那么结果都是一样的。

第二，心理安全感。哈佛商学院的埃米·埃德蒙森（Amy Edmondson）及其同事针对心脏手术团队的研究发现，心理安全感是对开展团队学习至关重要的因素。[20]十几年后，谷歌针对其团队的研究得出了类似结论。谷歌发现，高绩效团队的关键属性是心理安全感，而不是技能、性格类型或背景。[21]卓越团队的共同行为包括在交谈时轮流发言以及倾听他人，这表明同理心在团队绩效中发挥着显著作用。NASA为项目团队提供的服务包括对团队成员进行干预前和干预后调查，以衡量开放性和信任感的变化。这两点对于培养健康的团队环境至关重要。

克里斯·阿吉里斯（Chris Argyris）是组织发展领域最具影响力的理论型学者之一，他声称学习型团队和组织具备另一特征，他称之为双循环学习。[22]双循环学习指的是，团队没有停留于用线性方案（单循环学习）来解决问题，而是进一步深入探究语境，质疑这一问题背后的核心价值观、信念和规范。从这一角度来看，项目回顾会是争论、交流和探索的地方，而风险管理是学习理解失败可能性的工具。

第三，时间和空间。任何层级的学习面临的最大障碍都是时间和空间。项目时代的一个重大弱点是团队需要承担时间压力，而决策、实验和实施的压力可能会让人慢慢变得不愿意花时间学习、对话和反思。

在团队层级，交流讨论、联络感情和知识共享的空间有许多形式，主要场所是会议室。但是定期例会可能会使讨论流于形式，即人们只肯做绝对必要的发言，以便尽早结束会议。从事后活动到外出务虚会，团队可以选择的空间有很多，真正的赌注是学习时间。

技术能为团队学习创造空间。特别值得一提的是,技术能够让处于不同时区的分布式团队进行非共时通信。例如,团队成员可以通过Slack频道相互提问,从而拉近远程团队或虚拟团队成员间的距离。成员还可以在Slack上同时监控多个正在进行中的对话,这提供了实时对话无法实现的学习机会。[23]

第四,有针对性的支持。当项目团队迷失方向时,精心规划的干预措施可以清除阻碍学习和知识共享的障碍。NASA项目学院为团队及其成员提供评估、研讨会和跟踪指导服务,主持人和培训师大多是了解NASA及其文化的老员工。研讨会的侧重点在于培养那些在高绩效团队中发现的态度和行为,例如练习欣赏和包容,遵守对团队成员的承诺,以及消除不良态度和行为。

# 个人学习

正如本章开头指出的那样,有充分的证据表明,大部分个人学习都是在工作中发生的。但是用斯坦福商学院教授詹姆斯·马奇(James March)的话说:"经验也许是最好的老师,但不是优秀的老师。"[24]

技术进步使得个人学习的语境随之变化。T. K. 马丁利(T.

K. Mattingly）是同时参加过登月计划和太空飞船任务的两名宇航员之一，他发现阿波罗时代的工程师与后来的工程师在学习职业技能上存在一个根本性的差别。在信息技术革命让编码和计算成为机器的工作之前，工程师本人熟知数据，因为他们真的亲手处理过这些数据。当功能强大的软件工具接手了这项工作后，个人培养相关工程判断力的过程发生了变化。[25]其影响尚不明确，但这表明，要了解个人为何获得"符号分析员技能"，而没有获得"工匠技能"，将是一大挑战。[26]

在NASA项目学院，爱德华采用的方式是培养个人的胜任力、能力和信心。如果胜任力指的是拥有特定的知识和技能，那么能力的范围更加广泛，指的是知道怎样从经验中学习，而信心是个人发展和被队友认可的副产品，会随着时间增长。

鉴于传统培训的局限性以及团队合作在项目中的核心作用，NASA项目学院寻求用创新方式来培养个人的能力。2008年，NASA项目学院引入了HOPE（Hands-On Project Experience，实操经验）项目。HOPE提供的是学习机会，内容是由一群年轻的专业人员组成项目团队，从头至尾共同完成一个太空飞行项目。HOPE提供了丰富的飞行器硬件实操经验，同时包括辅导和讲授，此外还为参与者提供反思经验学习的时间和空间。[27]学习是HOPE的首要目标，其次才是成功完成任务。

培养个人能力的另一个途径是轮岗。一些大公司会先安排年轻的专业人员在一系列岗位上轮岗，让他们在踏上职业道路之初就早早地了解公司的各个功能部门，然后再固定他们的主要职位。领英的做法表面上与之类似，但是它其实对这种方式进行了根本改造。[28]它借用并调整了美国军方的"执勤期"概念，把个人任务描述为"执勤期"，即在几年内完成一项具体任务。领英进一步将"执勤期"分成不同类型，除了轮岗期，还有转型期和基础期。轮岗期类似上面描述的轮岗；在转型期，个人有机会发展重要能力，使自己有能力交付任务；而基础期培养的是个人与公司的契合度。"执勤期"模式与基于项目的组织中专业人士的经历契合，当他们从一个项目进行到下一个项目时，其专业技能和岗位职责也随之攀升到新的阶段。

是什么最终决定了个人在组织中的有效性？2007—2009年，爱德华在一系列NASA知识共享会上向275名资深从业人员提出了一个简单的问题："你是怎样学习如何做你的工作的？"这些从业人员大多是项目经理或系统工程师，他们分成6～8人一组，分组讨论并把答案写在活动白板上，有的小组画图表，有的列清单，还有的绘制了详细的图片。爱德华和马修将答案整理归纳，最后提出四个关键维度：

- 能力——天赋加上吸收新知识以及从经验中学习的能力。
- 态度——动力、好奇心、成长型思维以及团队合作的意愿。

- 工作任务——成就个人发展的核心岗位学习经历。
- 盟友——使个人能够在组织内取得成功的人际关系。

通过上述四个维度来思考个人发展，是一个兼具个体性和社会性的过程。能力和态度是个人特质，而工作任务和盟友都跟与他人的关系密不可分。

在上述练习诞生的多年以前，NASA项目学院着重培养个人的项目管理才能，其基础是项目管理胜任力模型的构建。从成本评估到利益相关者管理，该模型包含了成功管理NASA各类项目所需的一系列知识和技能，模型的最初输入来自以NASA资深项目经理和系统工程师为对象的大量深度访谈。学院运用课程开发法，举办了从业人员焦点小组座谈会，然后与内部和外部组织一起详细审查了胜任力模型草稿。在像NASA这样的大型官僚机构中，这意味着组织将调整胜任力模型以使项目符合现有的政策和程序，以及NASA各下属中心将构建本土胜任力模型。由此得到的模型既奠定了针对项目经理的课程的基础，也成为职业发展模型的基础。在首版胜任力模型诞生后的几十年里，NASA定期更新模型，以跟上项目管理、技术以及其他方面的变化，比如美国行政管理和预算局对联邦政府项目经理的新要求。

胜任力模型十分重要，但它更侧重能力而不是态度。"要想确保经验学习的有效性，学习者必须自知，并保持一定的谦虚态度。"悉尼大学的林恩·克劳福德（Lynn Crawford）在论及复杂项目的项目经理的发展时写道。[29]所谓的项目管理软技能仍然是被最严重低估的个人发展工具：它打开了持续学习的大门。

## 如何开展学习

组织怎样才能推动各层级进行学习呢？

第一，让领导者成为讲师。这能在很多方面提高学习的重要性。在爱德华的领导下，NASA项目学院一直邀请NASA的高层管理者、工程师和科学家出席各类活动并发言，包括培训课、知识论坛和正式会议。这些人认为自己来这里是做讲师的，但其实他们本人也在跟从业人员学习和联络。领导者做讲师的可见度高，这向员工释放的信号是，学习非常重要。

第二，将打造反思型领导确立为清晰目标。在NASA项目学院的知识共享战略中，打造更具反思力的领导和从业人员是首要目标。这其实是让人们反思最值得他们投入的宝贵资源：时间。反思型领导的承诺应该清楚地表明，花时间进行反思和学习是每位从业人员应尽的责任。

第三，把培训当作对话，有效地利用争论和不同意见。培训往往会让聪明人避之不及。邀请人们分享他们的经验和观点，让他们有机会发表意见，也有利于促进成员之间的包容和欣赏。

第四，创造大量空间，即学习发生的地方。NASA提供了很多场所供从业人员一起学习、分享和成长。近年来，NASA的年轻专业人员寻求领导层的支持，希望组织打造空间来让员工共同创造、协作、分享以及建立工作关系。[30]

第五，结成小组和社群共同学习。当一起学习时，人们能够更好地共同工作，这不是智力而是社会性资本的作用。在学习环境中共度较长时间，能够帮助人们建立受益终生的深厚工作关系，前提是活动设计得当，其中包括提供一起交际的机会。

第六，学习不是空中楼阁。对于每个领导、团队和组织而言，学习能力都是最大的竞争优势。卓越的团队和组织会清楚阐明学习、反思和知识共享要求，并将其作为战略和任务成功的一部分。NASA的出色之处在于创造了期望、要求、政策、高管支持以及极佳的学习机会和资源。学习不是一种可有可无的额外福利，也不是资金紧张时就可以削减的事项。

第七，多种声音的存在至关重要。NASA项目学院最基本的原则之一是，提供促进项目成功的方式之一，而不是唯一方式。人们如果在分享知识时能够采用多种视角，就会明白他们可以自由地接受、质疑、改进工作方式或根据自身所处语境量体裁衣。心理安全感让他们相信，所有声音都是受欢迎的。

# 第 3 章　故事

> 讲故事不仅能揭示含义，还能不犯定义其含义的错误。
>
> ——汉娜·阿伦特（Hannah Arendt），《活在黑暗时代》(*Men in Dark Times*)

1986年1月28日，在美国佛罗里达州肯尼迪航天中心，发射团队开始最后的倒计时，准备于当地时间上午11时38分将挑战者号航天飞机送入轨道。发射原本被安排在前一天，但因强风取消。挑战者号的机组成员共七人，其中包括克丽斯塔·麦考利夫（Christa McAuliffe）。她是美国新罕布什尔州的一名教师，被选为首位参与航天飞机任务的平民乘客。人们对麦考利夫的故事非常感兴趣，从而掀起一股宣传巨浪，CNN（美国有线电视新闻网）在现场直播发射过程。发射后73秒，航天飞机突然起火，即刻夺去了机组成员的生命，只留下一道慢慢消散在蔚蓝天空中的白烟。这个挥之不去的画面震惊了整个美国,毕竟人们已经习惯了太空计划的成功。挑战者号的失事及其余波让NASA陷入深深的惊恐。

挑战者号固体火箭助推器上的一个密封圈失效,引发了一系列事件,最终导致航天飞机的失事和机组成员的丧生。但是工程师没有对此感到意外,他们前一天还在提醒NASA官员不要在这样的低温环境实施发射。之前的几次航天飞机任务也遇到了固体火箭助推器密封圈无法正常密封的问题。发射前一晚,一名来自固体火箭助推器制造商莫顿·塞奥科公司(Morton Thiokol)的工程师罗杰·博伊斯乔利(Roger Boisjoly)在电话会议中与NASA和他所在公司的领导进行了激烈的争论。他极力反对在低于12摄氏度的气温下执行发射任务。博伊斯乔利在六个月前就写过一份备注,提醒他们密封圈失效的后果:"这会导致最惨烈的灾难——机组成员身亡命殒。"[1]

挑战者号事故成为NASA历史上的一大转折点。阿波罗计划的巨大成功被新的故事取代:NASA,这个曾经无所不能的精英组织,如今已堕落成一个被官僚主义所拖累的平庸机构。

挑战者号航天飞机事故总统委员会(也称罗杰斯委员会)严厉批评了NASA,并提出了一些重大建议,要求NASA在整改后才能重启飞行任务。对此,NASA领导层承诺将采取重要举措。NASA高管菲尔·卡伯特森(Phil Culbertson)说:"我们会彻底审视NASA的管理……我们将做出一些根本性的变革。"[2]但是，委员会要求并由NASA实施的变革，并没有彻底解决挑战者号事故所暴露的问题。除了技术改革和结构改革，委员会还呼吁NASA"制订相关计划和政策，在各个层级实施有效的管理"。这个建议是如此模糊，以至于毫无意义。委员会提到，航天飞机固体火箭助推器的根据地马歇尔太空飞行中心（Marshall Space Flight Center）有"管理隔绝"的趋势，但仅此而已。委员会的报告中根本没有出现（组织层级的）"文化"和"学习"字样。[3]

这种遗漏很危险，因为在酿成挑战者号事故的组织文化里，员工即使觉察到了问题的存在，可能也不愿意说出来。当时，莫顿·塞奥科公司的高管决定以书面形式向NASA确认在寒冷天气发射挑战者号是安全的，但是其高级职员艾伦·麦克唐纳（Allan McDonald）拒绝签字，他讲述了在发射前一晚的电话会议上自己遭受的威慑。[4]在巨大压力面前，麦克唐纳做到了坚持己见，但是他讲述的事情说明员工缺乏心理安全感。心理安全感的缺乏正是NASA需要解决的问题，在一个不尊重技术专家意见的组织里，需要变革的不仅仅是管理结构。NASA需要积极关注这个悲惨故事所反映的人的维度，并从中学习。

但NASA并没有立即从挑战者号事故中学习。当各个商学院在撰写事故案例时，NASA自己却迟迟未能如此，因为这次事故触及了它的痛点。但是挑战者号事故为项目管理学习打开了大门，而项目管理学习最终促成了NASA对讲故事这一方式的协同利用。

## 改变学习方式的需要

NASA在20世纪80年代中期存在的问题是未能倾听、学习和适应不断变化的世界。挑战者号事故是NASA在那个时代最惹眼、最致命的灾难，但不是唯一一次灾难。[5]在挑战者号事故发生后，尽管面临着改革项目管理方式的压力，但NASA并没有从中学习，因此接连遭遇了更多挫折。1986年5月，NASA的发射任务——运载政府气象卫星的德尔塔火箭发射失败。10个月后，NASA又损失了一支运载火箭，这支火箭负责运送美国国防部的卫星。上述事件给NASA带来了巨大压力，这本应为NASA创造改进学习和工作方式的机会，但事实并非如此。又过了十几年，在哥伦比亚号航天飞机失事后，从挑战者号灾后余波中成长起来的一代人成功取得了领导地位，这时他们才得以充分汲取沟通和文化方面的无形资产——那些最无形的经验教训。

NASA在挑战者号事故中遭遇的困难部分源自工作方式的变革。[6]在阿波罗时代，NASA依赖非正式的学徒模式来培养技能，并实现人员间的知识转移。刚踏上职业生涯，从业人员就拥有无数个边干边学的岗位学习机会，阿波罗11号的飞行调度员的平均年龄为28岁。[7]工程师和技术人员全部手动计算阿波罗计划中的很多数据，而且除了计算尺，他们不借助任何工具。这种劳动密集型工作方式潜移默化地培养了从业人员的工程判断力，这是经常跟数字打交道的结果。但是到了20世纪80年代，组织中各类工作的职责日益专业化，各领域专家开始按照学科划分，他们在地理位置上往往也是分散的。由于缺少像阿波罗计划那样清晰的统一使命，公务员、合同商以及分布在美国各地的NASA各下属中心，开始出现竖井效应。

计算机能力的指数级增长、软件工具的革命以及个人电脑的普及，触发了一种新的工作方式，新的工作方式又使专业知识得以迅猛增长，从而使得如今的项目相较于上一代更加复杂。阿波罗计划的领导者之一乔治·洛（George Low）曾提到："连接土星号火箭和阿波罗宇宙飞船的只有100根线，一个人就可以完全掌控接口。接口的任何一端有任何变化，一个人就能应对因此造成的全部影响。但是如果连接线的数量增加10倍，那么可能需要100（甚至1 000）倍的人员来负责掌控接口。"[8]信息技术的发展为NASA带来了巨大的好处，但是也使上一代员工所采用的学徒模式不复存在，从业人员在动手中学习的机会变少了。

NASA的资源也发生了变化。在阿波罗计划的鼎盛时期，

NASA公务员的人数接近34 000人，而挑战者号事故发生时，这一数字已经缩减到不足22 000人。[9]在人员数量缩减的同时，员工的平均年龄却在升高。这意味着，年轻毕业生带着顶级大学实验室的新创意进入NASA的可能性在降低。[10]20世纪60年代中期，NASA的预算占每1美元联邦税收中的4美分多，20年后这一比例已经降到每1美元税收中的不足1美分。[11]员工需要花更少的钱做更多的事。

在那个时代，难以提升项目绩效的机构不止NASA一家。1998年，兰德公司（RAND）一份针对52个非军事特大项目（其定义为1984年的项目成本为5亿~100亿美元）的研究报告称，项目的平均成本增长了88%。该研究还发现新技术带来了重大挑战：在特大项目中，相比缺钱，使用新技术几乎意味着项目会产生更多错误。使用新技术是唯一一个与三个方面的不良结果都有关联的因素：成本增加、进度延后、绩效不佳。[12]对于经验丰富的项目经理或系统工程师而言，这一发现并不令人惊讶。引入新技术总是意味着重大风险，特别是在太空飞行项目中。发射后再修复火箭或卫星系统的方式是非常有限的。

在挑战者号事故以及随后的高调调查过后，NASA委托美国空军退役将军塞缪尔·C. 菲利普斯（Samuel C. Phillips）牵头成立研究小组，负责为NASA局长提供建议。菲利普斯曾是NASA总部阿波罗计划中的管理人员。除其他事项外，他撰写的报告呼吁NASA"在全组织范围内提升开发和管理人员的领导力"。[13]这为NASA创造了通过新方法来培养项目管理人才的契机。在NASA最终采用的知识共享和经验教训共享工具中,最强大的方式之一是讲故事。

## 故事的效力

讲故事是一种自然的交流形式,一直以来都在帮助人类传达和分发信息。一些学者认为,人类能够本能地通过讲故事来相互学习。布莱恩·博伊德(Brian Boyd)写道:"从社会性物种相互交流的优势中产生了叙事。"他认为,叙事一直以来都在为观众提供有用知识,同时使讲故事者赢得地位。[14]故事无疑在人类社会的演化中扮演了重要角色,演化让我们学会了认真倾听故事并思考。在实用层面,心理学家杰罗姆·布鲁纳(Jerome Bruner)声称:"故事是我们了解世界的主要手段之一。我们的认知机能分为两种,即两种思维模式,它们在以截然不同的方式整理经验、构建现实……好故事和良好的论证是两种不同的自然类型。"[15]

讲故事是一种合理的说明方式,它借助叙事弧来吸引和保持人们对文本主体的兴趣。如果叙事弧足够强大，那么故事的作用远比电子演示文稿或论文持久有力。布鲁纳所做的实验显示，在内容相同的条件下，故事的难忘指数是普通信息的22倍。[16]既然故事的黏着度这么高，那么当听众不具备某些技术知识或技能时，故事可以成为向听众传递重要信息的有效手段。

故事为什么会有这样的效力？有技巧的讲故事者会在讲述中加入情绪和激情，这能产生强烈的效果，让听者认真聆听，往往还会跟讲故事者或故事主人公产生共鸣。因此，故事能够降低听者的防御心理，促使他们超越"成本—效益"二元思维并考虑其他视角。斯坦福大学社会神经科学实验室负责人、心理学家贾米勒·扎基（Jamil Zaki）说："叙事是同理心的增强剂。"[17]此外，故事给听众提供了保留自己理解所听内容的空间，听众可以解读内容、填补空白，发挥想象力以更好地理解和领会故事。

在项目型组织中，故事能够提供五大优势。第一个优势是，数据库、培训和其他经验教训共享工具都需要耗费时间和较高成本，但是讲故事不需要提前培训，因此成本低廉。很少会有人说："我不会讲故事，我没有那个本事。"几乎每个从事复杂项目的人都可以分享有关挑战、成功或失败的故事。

故事的第二个优势是，它在被运用的同时，能提升反思型领导力。虽然项目注重速度，但是追求速度往往要以放弃学习为代价。项目失败的原因总是包括缺乏承诺以及学习和反思的时间。

而讲故事的时间需求具有弹性，不论多长或多短，故事都可以是有价值的。当讲故事成为组织文化的一部分时，组织内部需要积累复杂活动的相关知识，打造反思型领导力将成为知识增长的目标和成果。在需要开发、保留和转移知识的组织中，反思型领导或从业人员是学习型组织的核心力量。

故事的第三个优势是，它有助于建构共同意义。在瞬息万变的时代，共同意义这个概念至关重要。在变化缓慢的时代，社群——家庭、团队或组织——可以慢慢建构共同意义。但是在多变、不确定的环境下，故事所提供的语境能让人们找到共同意义和目的。知识型文化建立在人们一致认可的故事所赋予的意义之上。这是故事的力量，也是危险所在：它能够简略地表达共同理解，不管是否准确。故事可以简化现实，这有利于扩大受众范围，但是简化的过程可能会导致信息失真，而信息失真最终会导致不良决策。不足为奇的是，故事往往能够驱动流程、标准和决策方向发生改变。

故事的第四个优势是，它能让人们清楚地看到什么是重要的。所有组织和项目都有一个根本目标，这个目标所面临的重大挑战之一是专注能力。永无止境的电子邮件和会议构成持续的压力和干扰，而故事能起到提醒作用，让人们忽略不重要的活动，专注于那些至关重要的优先事项。[18]一个凝缩了任务目的和目标的动人故事，能够帮助团队成员排除干扰，聚精会神地完成任务。

故事的第五个优势是,故事的强烈情感联系能够产生一种心理联结,它让人们乐于分享想法和感受。讲故事者亮出自己的情感底牌,展露自己的脆弱,恰恰是心理安全的表现。这反过来可以鼓励他人分享观点,不必担心因此遭受惩罚。

## 知识型组织中的故事

许多项目故事,或者说大部分项目故事都可以分为三类:成功、失败、变革。它们让我们看到工作的政治维度。挑战者号是失败故事的代表,人们以各种方式讲述它,并在NASA外部广泛分享。在组织内部,失败故事引发反思,而反思最终带来战略、管理、流程和程序以及文化方面的变革。

失败故事面临的挑战在于,组织往往很难接受它。与之相关的人员可能会觉得自己遭到了迫害、误解或其他不公正的对待。在挑战者号事故以及2003年的哥伦比亚号事故发生后的一段日子里,NASA当然也存在这些问题。机组成员的死亡让每个与事故有关的人员的心情都十分沉重。人们确实需要一段时间才能把自己的故事当成学习机会。

成功故事能够增强组织信心,鼓舞组织士气。成功故事有多个典型形式：新起之秀与老牌巨头、困境中的坚持不懈或者"一加一大于二"的并购等。讲述组织的成功故事十分重要，但是正如工程学家兼历史学家亨利·彼得罗斯基（Henry Petroski）提醒的那样："成功可能会掩盖隐藏的缺陷。"[19]

政治故事里有成功也有失败，但它们的根本价值在于帮助从业人员了解那些影响项目型组织的因素。政治故事可以是官僚型企业家有效操纵体制的故事，也可以是企业家为了使命、价值观或更高的目标而颠覆体制的故事。NASA宇宙背景探测器项目的经理丹尼斯·麦卡锡（Dennis McCarthy）曾在一次知识共享活动中对爱德华说："体制是胆小鬼。"这句话的意思是大型组织的体制有时会规避风险，因而不利于项目成功。[20]

通过讲故事来锻炼知识型工作者基于复杂且有时相互矛盾的信息做出决策，并不是新鲜事情。案例研究法约在一百年前始于哈佛商学院，得到商学院和公共政策学院的广泛接受已有几十年的历史。[21]经典的哈佛商学院式案例研究可以将故事娓娓道来，并在关键决策点停顿，为读者提供推理、反思和讨论可能的应对方式的契机。在课堂上，老师会先通过诱导式对话请学员就主人公所面临的挑战提出不同观点，然后才揭示故事的实际结果。率先在哈佛商学院采用案例研究的教授们是从法学院的案例汇编传统中汲取的灵感。案例汇编通过苏格拉底教学法来提高在培律师的法律推理能力。法律案例在本质上是叙述性的，当律师和法官思考先例时，他们会用一个故事来对比另一个，从而判断两者是否类似。

培养专业人才的研究生院校首先认识到了讲故事在知识型工作者的教育中可能发挥的重要作用，然后过了很久，许多知识型组织才接受讲故事，将其作为学习和发展实践。NASA几乎是误打误撞开始采用讲故事的方式的，而且许多顽固的工程师在多年后才承认，在技术型组织中，"软"活动也可以提供实质性价值。

## 讲故事在NASA的兴起

挑战者号时代带来的一个结果是，NASA制订了其史上首个项目经理职业发展计划。爱德华有组织心理学背景，这让他在NASA脱颖而出，但他很快就发现了传统培训的局限。他知道，NASA需要的学习对象是内部项目管理专家，而不是售卖成品课程的咨询顾问。这些专家知识丰富，但是首批课程所招募的许多讲师只播放幻灯片，他们的讲课方式不太吸引人。

但是爱德华发现，戈达德太空飞行中心（Goddard Space Flight Center）的一位高级项目经理的讲课方式迥然不同。杰里·马登（Jerry Madden）只讲故事，不播放幻灯片，不讲理论，他也没有准备底稿，分享的是实际经历。那时，大多数NASA项目经理仍然系领带上班，但是马登在上课时不扎领带。马登的讲课方式大获成功，为NASA的知识共享活动指明了方向：知识共享应侧重于讲故事，而不是传统培训。

以故事为依托的知识共享活动首先要摒弃存在一刀切答案这一假设：不把焦点放在解决问题的唯一方式上，而是强调个性化的故事，而个性化的故事表明，有一种方式可以应对特定语境。这是至关重要的优势，不同视角、解读和答案并存是正当的，组织应倡导观点和思维的多样性。

在NASA，讲故事将知识共享活动提升到培训之上的高度。许多领导和专家曾对培训避犹不及，认为它是人力资源部门强加在他们头上的任务。而知识共享活动是机遇，他们可以与同事互动，讲述自己的故事。培训很枯燥，而讲故事很有趣。

知识共享活动在NASA并没有一炮打响，品牌推广很重要。首先，人们对"故事"这个词本身有着相当强烈的偏见。演讲者通常是非常资深的工程师，他们认为把关于航天飞机的严肃演讲描述为故事，是对所有相关人员的贬低和侮辱。因此，这些活动一开始被称为"大师论坛"，活动公告或描述里很少出现"故事"这样的字眼。"大师论坛"的意思是，拥有相关专业知识的人员会聚一堂，共同探讨他们的经验和教训。活动经过精心策划，具有包容性，拥有不同背景和不同专业技能的从业人员都会感到宾至如归并乐于参与。

讲故事者的能力各有不同，一些演讲者乐于尝试可能更有效的新方式，但是大多数人比较谨慎。爱德华的团队中有几名成员负责协助那些最初不愿改变的演讲者，帮助他们把原本僵硬的技术报告改成对话形式的对自身经历反思的故事。后来，几乎所有人都逐渐意识到，讲故事的效果确实更好。当2000年首届大师论坛结束时，几位NASA高管找到爱德华说："我们不确定这到底是一种什么会议，但我们很喜欢。"参与者的高度评价和出勤率的提升，证明了讲故事这一概念的正确性。一些德高望重的工程师欣然接受了讲故事的方式，这很有帮助。随着互联网的普及，NASA得以与世界共享来自大师论坛的那些精彩故事的视频。

早期论坛不是专题性的，会向各种类型的故事敞开大门。哥伦比亚号事故后，NASA的知识共享活动往往针对特定主题，旨在鼓励员工展开诚恳对话。这起到了帮助从业人员习惯于分享失败和犯错故事的作用。

后来，一些知识共享活动针对的是特定计划或挑战。例如，当时NASA准备于2011年取消航天飞机计划，于是举办了一系列野心勃勃的活动，召集航天飞机计划的老员工再度聚首。早期的NASA高管分享了管理白宫和国会利益相关者所需的政治智慧，提供了历久弥新的洞见。而工程师讲述了重要决策背后的原因，这些决策最终影响了项目的发展轨迹。NASA还邀请来自私营企业、学术界和国际合作伙伴的代表来分享他们的故事。

在举办早期大师论坛的同时，爱德华还在筹办一系列出版物，并最终促成了《ASK杂志》的诞生。《ASK杂志》主要刊载来自NASA从业人员的第一人称故事，从一开始，它就奠定了访谈基调而不是技术基调。第一期的特别文章的作者是米歇尔·柯林斯（Michelle Collins），她在文章开头写道："我是来自NASA承包商的一名新手工程师，大学刚毕业并信誓旦旦要征服NASA。公司共有120名工程师，我是其中唯一的女性，说我与众不同那真是轻描淡写了。"[22]

《ASK杂志》欢迎从业人员分享多样化视角的故事，不局限于黄金时代老员工的英雄事迹。鉴于许多技术专家都不是专业作家，爱德华招募了一个团队来帮助他们捕捉和编辑这些故事，其中包括劳伦斯、马修和唐·科恩（Don Cohen）。该杂志后来进一步拓展内容，还收录了NASA外部专家的相关故事。随着《ASK杂志》的名气渐大，研究人员开始在其他出版物上引用杂志中的故事。爱德华还编写了每月简讯，其通信频率高于季刊《ASK杂志》。

然而，讲故事并不是提升NASA项目绩效的万灵药。20世纪90年代中后期，第一代论坛活动和出版物已经投入运行，即便如此，NASA还是在万众瞩目下遭遇了火星计划的失败。美国政府问责局（Government Accountability Office）于2002年1月提交了相关失败报告，发现"NASA在收集和分享经验教训方面存在全局范围的根本性缺陷。"[23]2003年2月的哥伦比亚号航天飞机事故再次引发质疑——NASA到底从挑战者号事故中学到了什么。

但是当NASA处理哥伦比亚号的灾后事宜时，新的NASA高层领导和顶级工程师是参加过早期大师论坛的那批人。现在，他们在应对重大挑战的同时，实时倡导开展讲故事活动。

代号为STS-119的奋进号航天飞机任务在发射去往国际空间站前的活动就体现了这一文化转变，其原定的发射时间是2009年2月12日。上一次太空飞行的任务代号为STS-126，发射时间是2008年11月14日，在升空过程中流量调节阀发生了故障。虽然这一异常没有影响飞行任务，但是地面工程团队知道，这个问题需要在任务结束后立即得到处理。

在航天飞机安全返回地面后，相关工作立即启动，但是工程团队始终未能弄清楚问题的原因，也无法描述风险性质。航天飞机计划的所有相关人员都十分清楚迅速解决这个问题的急迫性：STS-199任务需要在3月26日前完成其在国际空间站的使命，以免妨碍联盟号的空间站任务。

所有复杂计划的相关决策都需要基于风险做出一系列取舍。STS-199任务的决策压力不断堆积，这与挑战者号和哥伦比亚号当时的情形类似。但是这一次，团队的应对方式截然不同。

航天飞机在升空前要做的最后评估项目之一是飞行准备评估。航天飞机计划管理人员以及NASA的工程和安全社群成员聚集在肯尼迪航天中心，对STS-119任务进行评估并投票决定发射或不发射。在2月份的飞行准备评估中，计划组决定按原定日程发射，但是工程和安全社群决定不发射，理由是计划未能充分描述流量调节阀的相关风险。又经历了两次飞行准备评估，直到找到技术解决方案后，工程和安全社群才相信风险在可控范围内。NASA在最后时刻准时完成了STS-119任务，没有给国际空间站造成严重的调度问题。

该任务结束后不久，NASA首席工程师迈克·瑞斯科维奇要求项目团队撰写案例研究，探讨STS-199任务发射前充满争议的决策过程。[24] 与几年前相比，这代表着180度的大转弯。从这个特殊案例中总结出来的故事，捕捉到了NASA在后哥伦比亚号时代的文化变革。在第一次飞行准备评估中，投下艰难的不发射票的航天飞机轨道器总工程师乔伊斯·赛里埃尔-格鲁斯（Joyce Seriale-Grush）对瑞斯科维奇说："这非常艰难，很遗憾今天还是没有得到数据，但是跟过去相比，我感觉好多了。"[25] 自哥伦比亚号事故以来，NASA已经进行了变革。瑞斯科维奇等领导者致力于让技术社群明白，大胆发表意见是安全的。他要求项目团队撰写案例研究，是想将事情社会化：不同意见应被尊重，而不是被蔑视或无视。这个方法是有效的。

## 讲故事在组织中的发展

NASA不是唯一一个使用故事工具来达成目的的组织。一些组织利用故事工具来帮助新员工构建共同意义感。劳伦斯曾在IBM公司任职多年,他组织的入职培训以IBM传奇历史中的诸多故事为依托,从而建立新员工与公司的情感联结。美国的一些情报机构也利用故事来达成同等效果。"9·11"委员会决定以叙事形式发布调查结果,它的调查结果与其说是政府报告,不如说是谍战悬疑小说,该调查结果一路跃升至美国畅销读物排行榜首位。[26]美国国家情报委员会(National Intelligence Council)是情报界的开源智库,它聘请外部专家通过叙事性的前景报告来描述它所预测的地缘政治趋势(该机构在2008年发表的前景报告预测了新冠肺炎疫情在全球的大流行,精确程度令人不寒而栗)。[27]

讲故事这一方式是如何进入项目型组织的?这方面最详细、最有趣的例子之一是斯蒂芬·丹宁(Stephen Denning)在《跳板》(*The Springboard*)一书中的描述。[28]丹宁当时是世界银行的地区经理,被指定负责知识相关工作。当担任这一角色时,他很不喜欢世界银行对幻灯片和严格线性说明模型的过度依赖。几乎是误打误撞,在参加许多会议时,他开始通过讲故事来阐述自己的部分论点。后来他逐渐意识到,这往往比他以前的发言更有效，于是他开始大量使用这种方式，并说服团队成员也这样做。世界银行的演讲文化从此发生了变化。

TED演讲和飞蛾（The Moth）等流行模式掀起了讲故事热潮，现已蔓延到商界。现在，无数组织都在举办类似TED演讲的活动，给员工机会分享自己的故事。抛开其他不谈，这种趋势至少表明职业环境对个性化故事的接受度越来越高。从创造意义和组织事实方面来看，故事工具与其他任何工具一样正当。即使在看似不友好的文化中，故事工具最终也得到了广泛接受和赏识。人们可能永远不会再浪费故事资产了。

## 如何使用故事工具

当有人询问什么是变革组织文化的最有效工具时，我们会推荐故事。在组织中，团队使用故事的方式有很多。

第一，使用故事工具的目标要清晰。爱德华在NASA推广故事工具的最初目标有三个。第一个目标是塑造拥有反思型领导力和反思式从业人员的文化。项目团队往往很难找到开展学习和对话所需的时间，这是可以理解的，但是因此造成的工作环境是危险的，身处其中的团队成员误以为可以不花时间学习，也可以不花时间分享想法、忧虑和解决方案。爱德华的第二个目标是鼓励大家使用、创造和交流故事，NASA最初还会跟踪所分享故事的数量和主题（后来，社交媒体让NASA能够以更精细的方式来追踪故事）。爱德华的第三个目标是通过对话来促进知识共享。

第二，以讲故事作为每个项目的开端。每个项目都是从故事开始的，所有项目都通过产品或服务来传递价值，发现价值的旅程就是故事。跟项目一样，故事是从问题开始的。在着手一个项目时，团队可以思考：当项目完成时，我们希望讲一个怎样的故事？我们能就目标达成共识吗？会不会出现次要情节？项目中会出现哪些不同的故事？我们从该项目中学到了什么？是否所有团队成员都对故事发表了意见？

第三，创造空间来讲故事。许多组织在培训员工时会制作正式的幻灯片演示稿，而且演示稿的逻辑严密。但组织同时要为采用故事结构的演讲创造场所和空间。在NASA的知识共享活动中，演讲者要在15分钟或更短的时间内讲一个简短的成功或失败故事，一张幻灯片也不能用。从业人员很快就理解了如何讲清问题、背景、解决问题的方式以及结果。之后，与会者会总结故事中的经验教训。他们的判断跟演讲者的想法往往不尽相同，这能够鼓励从业人员分享自己的视角，而不是兜售观点。

第四，举办讲故事工作坊。虽然讲故事对于很多人而言是轻松自然的事，但它也是一项需要培养的重要技能。现在社会上有很多技艺高超的讲故事专家。NASA曾安排过有安妮特·西蒙斯（Annette Simmons）参与的学习活动。西蒙斯是《故事思维：通过讲故事来激励、影响和说服他人》（*The Story Factor：Inspiration，Influence，and Persuasion through the Art of Storytelling*）一书的作者。[29]通过这次活动，项目专家、科学家和工程师认识到了讲故事的价值。组织也可以设计一堂团队学习课，邀请故事专家帮助员工培养讲故事的能力。

第五，故事可以是口头的、书面的或视觉的。以上内容侧重于口头故事，但是一些讲故事者更愿意以书面形式来表达自己的想法。在NASA的知识共享活动中，就有视觉故事作者为所分享的故事绘制插图。连环画小说已经流行了几十年之久，这表明，图片故事不只是给小孩子看的。

第六，实验并迭代。帮助组织学会讲故事的方法有很多，如果首战惜败，那么不如换种方法试试。关键是组织要认识到故事是个必不可少的工具，它能激发对话，鼓励反思和学习，促进意见多样化，启示人们发现目标。世界上一些最优秀的组织都明白这一点，并花时间来培养这种强大能力。

# 第4章 文化

策略是文化的营养。

——彼得·F. 德鲁克

在20世纪90年代的很长一段时间里,戴利将军担任NASA副局长,他此前是美国海军陆战队的助理司令。一天,爱德华问他:"NASA高层和海军陆战队高层有什么不同?"戴利将军说,两个组织的领导都是任务驱动型领导,而且聪明、有激情、爱国,但是两者的确存在一个关键不同点。在海军陆战队的最后一个职位上服役时,某天早上,戴利将军早早来到飞机库准备乘坐军用飞机出行,那是一个阴沉的下雨天,他随口对副官说:"飞机库为什么都涂成这种压抑的灰色,而不涂成紫色?这样更有活力一点。"傍晚,当他返回时,飞机库已经被涂成了亮紫色。他在阴郁清晨的一句随口调侃,被解读成了命令。他说NASA则截然不同:直接的命令只会被当作对话的开端。这就是组织文化的力量。

"文化"（culture）是英语里最复杂的单词之一，可以用来描述很多事物，也许是说某人喜爱歌剧，也许是说培养皿里的培养物。当讨论难以解释的组织行为时，人们往往会用这个词来搪塞一下："那是文化。"这句话通常可以终结讨论，因为人们的文化概念极少一致。至于怎样变革文化，就更加见仁见智了。有一个古早的通俗解释说："文化是当没有人看着时，员工是如何行动的。"

就目的而言，我们把文化定义为在多数情况下非成文但持久有效的行为规则，它告诉大家在这里的人们是怎样做事的。组织文化是对规则手册和其他正式行为规范的有力补充。即使只在该组织中工作过一小段时间，所有人都会了解构成文化的那些标志、故事和物件。

鉴于文化是如此难以名状、错综复杂，本章只讨论与本书整体内容最相关的三个方面：协作、重视知识和信任。这些概念之间存在交叉，我们不想让读者把这三者视作互不相关的内容，但是在实践中这是人们可以独自观察到的，而且它们都对组织文化有着重大影响。

哪个组织都不想让自己的文化被视为劣等的或过时的。我们在工作中接触的许多组织都声称自己拥有"学习型"或"协作型"文化，但是在仔细审视后我们却发现，它们的运营模式是过时的指挥控制模式。这一模式的构建最初源于技术大飞跃，19世纪中后期的技术大飞跃使开展大型项目成为可能。那时的工作性质通常是工业性的，例如制造工具、机器、化学品、服装或电气设备和运输设备。相较于更早期的家族企业所从事的工作，这要复杂得多，组织需要更精细的管理和财务结构才能有效运行。

当大部队在多种地形上执行复杂任务时，唯一有效的管理模式是军队模式。军队模式基于指挥控制架构，通过严格的等级制度进行组织和领导。在这些组织中，所有知识都朝着同一方向流动——自上而下。除了情报，基层员工获得的知识几乎没有机会到达总部。总部是进行知识开发和知识分类的地方，并基于"需要知道"原则，通过命令形式进行知识分发。鉴于美国以及西欧的大部分地方都非常尊重和熟悉军队，因此对于在这些国家出现的组织而言，复制这一模式并不难。军队模式也迅速传播到了其他地区。

这种运营理念可以用一句话来概括："我要工人的脑子做什么？我只需要他的胳膊。"据说这句话出自亨利·福特（Henry Ford）。弗雷德里克·泰勒（Frederick Taylor）进一步优化了这种追求最高产量的理念，为其取名为"科学管理"。在那个年代以及未来的几十年里，几乎没有人讨论过职场文化。工会破坏了部分更具压迫性、更困难的做法，比如泰勒主义和科学管理运动，但是指挥控制模式无处不在。尽管它受到工人的普遍讨厌，但是这种模式时至今日仍然在世界各地大行其道,只是名称各不相同,换个伪装而已。

几十年来,指挥控制模式不断演化,帮助人们实现了财富的惊人增长和人类福祉的巨大改善。在过去的150年里,全球人均国内生产总值提高了十倍以上。[1]但这一模式的最大局限是,不管是过去还是现在,它的财富创造主要依赖人类和机器的体力。相比于今天的主要生产要素——知识,体力这种生产要素及其相关活动更容易被度量、管理、交易和定价。

在参观纽约市的一处谷歌校园时,爱德华和劳伦斯深深震撼于到处洋溢的活力。人们在一起边吃边聊,在持续一小时或一天的临时工作场所里邂逅。这里的知识开发活力类似于日本人所谓的"场",即一个地方的积极精神,你可以在空气中感受到。这跟指挥控制模式天差地别,因为它聚焦于知识的开发和移动,而不是行使权力来控制知识。

爱德华和劳伦斯在谷歌看到的"场"不是开放式空间设计、乒乓球桌或者24小时不间断供应康普茶和冷泡咖啡的结果。马修曾拜访过一家获得风险投资的成功企业,在与该企业的学习发展主管交谈时,马修提到该企业总部的各种便利设施、友好的狗狗和色彩鲜艳的家具。这位高管却不以为然,她说这些表象掩盖了一个灰暗的事实:整个组织都缺乏心理安全感。相比之下,NASA的许多设施是在20世纪60年代初建设的,家具是政府的下发品，而且不提供免费咖啡，但是NASA经常当选最佳联邦政府工作场所。[2]诚然，合理的空间设计能够鼓励社交，而社交会促进协作，但是外在装饰无法成就文化。

我们并不是说谷歌是个没有等级制度的天堂，但是即便只是匆匆一瞥，你也能看出谷歌文化与一百年前的福特流水线文化的鲜明对比。谷歌不在乎员工的臂力，它真正关心的是他们的脑力。甚至可以说，谷歌历来把工程师的才华放在首位。[3]需要明确的是，在以男性为主的工程组织中，把可感知的工程能力放在首位，可能会产生不利于女性、有色人种以及其他历史上未被充分代表的人群的工作环境。

重视知识的组织文化大有裨益，它可以作为一种竞争优势，对抗那些变化较慢的文化。过去二十年里影响最广泛的变革之一是敏捷运动，它授权本地基层员工自主采取行动以完成任务。无论组织拥有哪些工具、流程和系统，文化都最终决定着组织能在多大程度上简化决策过程，提高生产力。经济学家乔尔·莫基尔（Joel Mokyr）发明了"增长的文化"一词，把文化视为决定性因素，因为文化造就了组织成功以及最终创造社会财富所需的信念、价值观以及相关行为。[4]

# 协作

跟"文化"一样,"协作"(collaboration)的定义也不止一个,它通常被用于表示"合作"或"与人融洽共事"。但是协作还意味着合作行为是自愿的,同时它往往受到组织文化的引导或鼓励。例如,当同事遇到难题向你求助时,即使无法为因此而消耗的时间收费,你也会主动帮忙,这就是协作。它通常表现为一种积极主动的态度,比如当读到某篇文章时,把它发送给可能用得到这篇文章的其他部门的同事。即使你跟他根本不熟,你也会帮忙。

组织文化不是在真空中发展起来的。组织是其所处大文化的一部分,因此它会反映该地区的价值观。美国既有个人主义文化,也有合议文化,雇主可以发掘这两种文化,并把自己的文化偏好并入其中。虽然调和这两种截然不同的文化并不容易,但这可能有助于解释许多变革管理项目所遭遇的显著困难。三位作者都曾与全球性公司和组织合作过,对此都有切身体验,比如日本文化影响着日本公司的企业文化,美国文化影响着美国组织的标准规范。

大多数组织文化都落在鼓励竞争和鼓励协作这两个极端的连续体之上。在大肆鼓励个人竞争的环境中,员工自愿帮助同事的意愿一般会很低；而在相反的一端，有些文化成功地鼓励了协作，其原因各不相同。例如，任务导向型组织往往拥有协作文化。NASA就是一个典型例子，其机构使命（太空探索和科学研究）是最高指导原则。从军事和情报机构到医院，许多组织使用的"关键任务"（mission-critical）一词，本身就暗含着广泛协作。

但是，许多组织的文化介于内部竞争激烈和完全由使命驱动之间。有很多例子可以说明如何将协作融入组织文化，20世纪90年代初的IBM就是一个很好的案例。当时正处于低谷的IBM刚刚任命了一位来自科技行业外部的新首席执行官——路易斯·郭士纳（Louis Gerstner），他首先采取的行动之一是变革奖金分配方式。此前，奖金分配主要基于当年的个人成就，这几乎算是行业惯例，但是在郭士纳之前所在的咨询行业，情况并不总是这样。他变革了IBM的奖金分配方式——同时基于个人成就、部门成就和公司整体绩效。

劳伦斯当时任职IBM高管，他可以证明，这一变革最初引发一片哗然。大多数反对意见都是担心有人搭便车。但结果证明，几乎所有员工最后都欣然接受了共享奖金这个想法。而且这极大地改变了员工的行为，使其从个人主义思维转变为集体主义思维，助力IBM实现了利润和生产力的大幅反弹。在郭士纳担任首席执行官期间，这是IBM最有效的变革之一。有人可能会说，这一变革带来的协作仍然是基于利己主义的。这种说法有一定的真实成分，但是这种看得到的协作最终改变了许多员工的习惯，而且渗入IBM的文化。

要想在一种组织文化中培育协作，还有其他方式可供选择。著名的高管猎头公司罗盛（Russell Reynolds）的首席执行官曾经放弃雇用一位大名鼎鼎的招聘专员。虽然这位招聘专员会为公司带来高额收入，但这位潜在的"造雨人"是一位独行侠，丝毫不愿意与他人合作或分享人脉，包括线索、客户和潜在候选人才。这一决定在组织中引发了强烈争议，但是首席执行官的这一论点很快就平息了争议：公司文化的价值远远胜过这只孤狼将会带来的收入。

同样，Square公司选择远离那些技术超强但自高自大的"巨星"，以此来保护它的协作文化。要知道，Square公司与谷歌、苹果等巨头是争夺人才的关系。高级软件工程师雷·瑞安说："有的人非常优秀，能跟其他人和谐相处；但有的人妄自尊大，根本没办法合作。"[5]

Netflix公司官网的招聘页面上甚至列出了公司文化的核心原则，强调员工应高度"公开和有意地共享信息"。Netflix公司明确指出其核心理念是"人才重于流程"，并把协作看作这一理念所培育的文化产物。[6]

组织若想让文化天平偏向协作，一个方法是遵循斯坦福大学教授罗伯特·萨顿所谓的"零混蛋原则"。[7]萨顿清楚地表述了雇用和留用不能与他人和谐共事的人员将会产生的负面效应。员工能够感知公司晋升或雇用的人员具备哪些个人素质，没有比这一感知更强的信号了，它会覆盖整个公司。选择能够与他人良好协作的人员，是在以直接的方式表明，公司希望培养怎样的员工。从伯克希尔·哈撒韦（Berkshire Hathaway）到IDEO，很多公司多年来始终遵循着"零混蛋原则"。Mozilla公司也不例外，这是一家开发开源软件的非营利性组织。开发开源软件这一项目在本质上是协作性的，因此对于生存在这个生态系统中的任何组织而言，具有"毒性"行为的人都是个大麻烦。[8]

## 重视知识

大约在30年前，一位人脉广泛的知名咨询顾问发现，有100多家公司声称自己是"学习型组织"或"把员工知识置于其他一切之上的组织"。这类说明通常可见于它们的年度报告或使命宣言的开篇。这位咨询顾问电话采访了这些组织的高管，询问到底是什么使它们成为知识型或者重视知识的企业的。他得到的两个最常见的回答是：培训预算和奖金（但数额不高，且只向不到

1%的创意员工发放）。不用说，他对这些回答并不满意。

今天，很少有组织采取切实措施来展现其对知识的重视。有多少组织会在员工考核或招聘列表中提到知识呢？这里说的不是研发部门所用的知识，指的是所有员工在日常活动中使用的知识，不论他处于哪个功能部门。组织只有重视知识，才能从文化上持久理解知识的重要性。[9]

要想培养重视知识的组织文化，最有效的方式之一是在组织中建立知识社群，并提高它的地位。正如本书第2章提到的那样，NASA工程和安全中心在哥伦比亚号事故后创建了一个精英工程师社群，它很快就成为利益相关者和客户的专业知识来源，帮助他们应对各种挑战。在这个例子中，组织主要利用现成人才来组建社群，以达到促进知识共享的目的。这个社群的地位有助于激励NASA技术人员以积极的态度看待知识、协作和追求技术卓越的文化。

多年前，NASA项目学院的设立还释放了另一组信号，表明了NASA对知识的重视。随着业务的拓展，学院不再侧重于最初的培训业务，主办了出版物、论坛和其他活动，并借助讲故事这一方式来传播信息。例如，《ASK杂志》曾刊载过一篇第一人称故事，主人公是一位名叫达斯汀·戈默特（Dustin Gohmert）的工程师。他趁着圣诞节假期，在家里的车库为"猎户座"乘员舱设计了一款新座椅。[10]在他的亲口讲述中，团队成员见证了独创精神、机智应变和动手热情。这些都是NASA希望借助组织文化向工程师灌输的素质。

要想培养重视知识的组织文化，组织还可以提供资金以支持个人进行知识探索，这一点在第1章中已有提及。许多组织都提供预算以供员工参加会议或与同行、教授、其他专家进行交流。邀请嘉宾或访问学者进行演讲，不仅能让组织内更广泛的受众有机会获取知识，也能展现组织的知识承诺。

在把知识放在首位的企业里，我们认为最有趣的企业是美国格理集团。格理集团是一个网络公司，其整个商业模式的核心是把客户与知识的拥有者直接联系起来。格理集团纽约总部的大堂是一个图书角，几个书架上摆满了各类书籍，同时，公司所有会议室都以伟大思想家和作家命名，从苏格拉底到凯恩斯，不一而足。前面我们讲过，外部装饰不足以构成文化，但是此类视觉装饰能够不断提醒人们，思想是最重要的。

# 信任

正如本章讨论的其他主题一样，"信任"（trust）一词也有多重含义，用它来描述组织和人类行为会导致含混不清。这里，我们主要关注的是缺乏信任对知识共享可能造成的影响。如果在大型组织中同事之间不能相互信任，那么这会增加从同事那里索取知识的交易成本。在一个缺乏信任的文化中，没有什么比非强制性的知识转移更难了。

当缺乏信任时，组织中会出现这些常见疑问：如果受助者在论文或谈话中用到我给的答复，那么我能得到什么好处？将来在我需要帮助的时候，这个人会同样帮助我吗？我会不会被更多提问纠缠？鉴于他所处的级别，帮助他值不值？

在许多方面，信任发挥着重要作用。它可能促成也可能妨碍，甚至可能完全阻断知识转移。考虑到时间的价值和错过的机遇，这一代价可能非常昂贵。那么，组织能做些什么呢？要想建设信任文化，最有效的工具之一是一句简单的话："我相信你会做好。"用实际行动来支持这句话，让员工明白你是认真的。

劳伦斯曾经是一家大型咨询公司的研究部门负责人，大约有40人要向他汇报工作。作为管理者，他的职责之一是审阅和批准所有差旅费以及其他费用的报销单。许多顾问经常出差，这意味着他每周要花半天或更久的时间来处理文书工作。他觉得这是对时间和精力的巨大浪费，而且不会给部门带来任何价值。在一次部门会议上，他告诉团队成员，他相信他们住的是万豪酒店而不是四季酒店，他不会认真审查他们的费用报告。他意识到，不信任团队的成本远大于偶尔从经济舱升到商务舱的成本。这不仅帮助劳伦斯节约时间去做更有价值的工作,而且提升了团队的社会性资本。[11]他们知道自己得到了信任,多年来他们也在证实自己值得信任。

Netflix公司在废除统一休假政策时采用了相同理念,但是它更加豪爽,公司告诉员工,公司相信他们自己可以管理休假时间,这是对其"没有规则"这一核心原则的延伸。[12]虽然该公司在实施这一政策时经历了一定的学习曲线,但是它所坚持的一个基本原则没有变,那就是相信公司的知识工作者能够以自己的方式搞定工作,而不是处于一刀切政策的束缚之下。[13]良好行为与不良行为一样具有传染性。很多时候,我们能尽力做的就是"照亮你所在的小地方"——让自己的行为值得信赖,并且相信别人也值得信赖。

建立信任最快捷的方式是面对面的会见。大量研究发现,人们如果见过面,即便只是几面之缘,也能快速建立信任。单凭这一点,组织就有充足理由时不时地把分散在各地的员工召集在一起。还有证据显示,在见面后,跨组织交流增多,新创意也会增加。[14]面对面会议有它的优势,而虚拟办公高效、便捷,疫情过后,组织应尽力想办法找到两者之间的平衡点。

跟协作一样,信任往往是关键任务型组织中的已有条件。使命是一股强大的力量,可以让人们自动认为信任是任务成功的关键。当爱德华和劳伦斯向一个癌症研究小组提出信任问题时,他们看上去十分迷惑。其中一人回答说："我们当然信任彼此——不仅是在公司内部，而且是跟世界上的所有同行。我们在对抗癌症！"

## 文化变革

如前文所述，组织文化大致指的是决定工作方式的、长期存在的规范和行为，它是在社会上更广泛力量的影响下形成的。在这个团队分布于世界各地、远程虚拟办公的时代，如果这个概念不再适用，世界又会怎么样？

当问人们是什么让组织变革困难重重时，大多数人会提到文化。信念和价值观的持久性有助于解释为什么变革往往会遭遇抵抗和惰性。这种持久性是文化强大的标志，传统上被认为是成功企业的积极特征之一。

刚到NASA工作时，爱德华的一位职场导师告诉他："你如果放慢脚步，在这里就会前途无量。你现在还不了解NASA的工作方式，但是时间久了你就会掌握需要了解的一切。你要少说多听，总有一天一切会豁然开朗。"爱德华问这个过程可能会持续多久，导师回答说十年左右。想到要管好嘴巴十年，爱德华不禁暗暗发笑。

这个故事揭示了一个重要却不显然的道理：强大的组织文化如果缺乏弹性，就会变成紧身衣，抑制员工成长，妨碍员工获取多样化的知识和思想。当今时代，组织越来越多地认识到，多样化的敏捷团队在本地层面自主行使权力的重要性，而整个组织共享同一种文化的概念也许正日趋退出历史舞台。有一点是确定的：曾几何时，IBM员工统一穿着黑色正装配翼纹鞋；而今天，组织文化已经不同于那个时代；未来，拥有中央集权式文化的组织可能会进一步下放权力。[15]

# 挑战者号和哥伦比亚号事故后的NASA文化变革

1986年的挑战者号事故使NASA遭受重创。该事故要求NASA开展重大审查和落实改进措施，其中包括指派爱德华制订项目管理计划，即NASA项目学院的前身。[16]尽管在挑战者号事故后，NASA开展了培育年轻一代的新举措，但是在此次事故和哥伦比亚号事故之间的这段时期，NASA的文化并没有发生明显变化。年轻员工还没有担任要职，而本该改变现状的老一代领导者却把挑战者号事故看作一时的偏差，他们认为这个偏差背后的大文化是成功的。

直到挑战者号事故发生十年后，美国哥伦比亚大学社会学家黛安娜·沃恩（Diane Vaughan）创造了一个新术语——"偏差正常化"，她用此来描述NASA文化在事故中扮演的角色："在挑战者号发射前的数年里，工程师和管理人员共同形成了一种对情境的主观解读，即使不断有证据表明存在问题，但他们仍然会继续前进，好像什么问题都不存在一样。"[17]正如哥伦比亚号事故调查委员会在报告中指出的那样，在挑战者号事故发生后，NASA仍然存在偏差正常化问题。[18]

直到哥伦比亚号事故发生，NASA才真正开始做出改变。新局长迈克尔·格里芬（Michael Griffin）一上任就主张建立一种简化的新管理模式，以加强组织价值观建设，同时把决策权分散到组织各处。与此同时，在挑战者号事故发生时刚刚开启职业生涯的一代人如今刚好成为领导层，准备发挥其教育和经历优势。此时，人们已经广泛认识到官僚体制的危险，强调沟通透明化，要求打造一种不仅能容忍异见，而且要欢迎异见的文化（参见第3章讲述的小故事，了解STS-119航天飞机任务发射前的决策过程）。

在巨大的打击下，比如悲剧性事故或传染病全球大流行，组织文化会更加快速地发生变革，但意图良好、规划周密的主动举措却做不到。即便如此，失衡的文化并不总是注定会失败。坚定的领导和明确的指导原则可以让组织变得更具协作性和信任性。当知识是组织的主要生产要素时，协作和信任是成功的先决条件。

## 如何进行文化变革

文化主要是由集体行为和集体信念决定的，它是一种难以有效变革的无形资产。在记住这一点的同时，以下机制可以帮助组织有计划地实现文化变革。

- 信号和信息。管理人员和领导者释放信息的最有效方式包括雇用和晋升，他们可以给员工讲此类故事，让员工明白组织珍视怎样的信念和行为。在塑造协作文化的过程中，这一点尤其重要：组织如果提拔不善于协作的员工，就无法建设协作文化。
- 社会性基础设施。使用和分配空间的方式体现了组织对于谁更重要以及怎样完成工作这两个问题的态度。组织可以在空间设计上鼓励员工交谈和邂逅，提供简单的社交用品，比如咖啡和零食等。

- 重视学习和创意。组织可以订阅出版物、构建知识网络以及鼓励员工参加会议，以此来表明对获取新知识和新创意的承诺。跟雇用和晋升一样，组织认可的分享创意的方式也能让员工知道真正重要的是什么。

- 共同的使命和目的。组织可以通过故事、榜样和案例来明确使命，培养达成使命所需的共同目的感。这是成为一个聪明的组织的重要一步，团队成员对使命的共同理解能够消除很大一部分环境干扰、冲突和交易成本。

- 摒弃组织是机器的比喻。要想培养重视学习和知识的文化，首先需要消除组织是不断追求更高效率的机器的形象，用更加人性化、更加有机的比喻来取代它，比如把组织比作生命体，它以创意和使命必达的热情为粮食，在依靠内部能量的同时，积极汲取外部营养。

# 第 5 章　团队

把足够多优秀的人简单叠放在一起,并不会造就一个伟大的"人"。

——鲍勃·泰勒(Bob Taylor)

NASA日地关系天文台(Solar Terrestrial Relations Observatory,以下简称STEREO)开创了历史先河,成功拍摄到太阳及其内日球层的三维图像。它的两颗观测卫星于2006年升空,发射地点在美国卡纳维拉尔角。自此,两颗观测卫星提供的数据极大地增进了人们对太阳和太空天气的理解。该任务由NASA和约翰·霍普金斯应用物理实验室(Johns Hopkins Applied Physics Laboratory)合作实施,后者的合作伙伴包括各大企业、学术界和国际宇航机构。由于任务业绩出众,设计、开发和交付观测卫星的团队都得到了应得的认可。

然而就在卫星升空的几年前,STEREO项目曾深陷困境,不但没有获得赞誉，还面临着被取缔的命运。后来发生了什么呢？项目是如何运作并成功达成使命的？某些团队是怎样度过失败阶段并最终实现高绩效的呢？在同时存在多个项目团队的组织中，为什么一些团队风生水起，另一些则在痛苦挣扎呢？

有关组织生活的一个常见误区是，人们相信个人发展和组织管理十分重要，同时假定一旦聪明的个人在项目中相遇，他们自然有办法开展有效合作。但是，弄懂如何成就卓越团队，比这更复杂。

## 把团队绩效放到特定语境中

你参加过的最伟大的团队是哪一个，你为什么会这样认为？

"伟大"暗含着几个因素。首先，提到伟大团队，人们会联想到成功的成果。1969年的纽约大都会棒球队是伟大的，因为它赢得了世界级比赛；基于曼哈顿计划的结果，人们评判它背后的团队是伟大的。圆满成果是判断伟大团队的先决条件。

虽然成果必不可少，但其他因素也很重要。打动人心的使命和目的影响着人们对团队成就的感知。格雷格·奥尔德姆（Greg Oldham）和理查德·哈克曼（Richard Hackman）提出的五因子个人工作满意度模型突出强调任务的重要性。[1]对于团队来说，相对应的类似特征是打动人心的工作。当项目完成重大挑战并且其目的超越了自我利益时，人们更能感知到它的伟大。麻省理工学院人类动力学实验室（MIT's Human Dynamics Laboratory）把伟大团队定义为"充满活力、创造力和远超其他团队的共同承诺"的团队。[2]

语境也很重要，伟大团队工作在巨大压力下。今天，项目团队的工作环境天然是复杂的，客户要求快速、敏捷和易用性。新技术和数字信息工具让人们对团队绩效和客户体验的期待水涨船高。伟大团队应该具有适应力、变革力和创新力，让自己在今天以及明天能够始终保持在绩效顶峰。

在20世纪，团队绩效理论以"输入"、"过程"和"输出"为分析变量，从系统角度探讨这一问题。"输入—过程—输出"团队模型描述的是一段时间内的绩效，以及影响输入和结果的因子。1965年，心理学家布鲁斯·塔克曼（Bruce Tuckman）首先提出，团队解决问题并取得成功的过程，就是依次经过团队发展的各个预定阶段的过程。[3]他提出的模型不尝试预测团队绩效，而是提供判断框架，通过阶段完成情况来预测团队的成长和发展情况。著名的塔克曼团队阶段理论将团队发展分为以下几个阶段：形成、规范确立（规范）、争端解决（震荡）、成熟和解散。这样一个高度简化的模型居然有足够的魅力赢得普遍赞誉，回想起来，这真是令人惊奇。这个模型不能帮你洞悉绩效，但它简单好记，而且解释了团队在自然兴衰中的一些很直观的东西。它还提供了审慎思考框架，帮助人们探讨在团队发展过程中可以设计和改进哪些因子以实现高绩效团队这一目标。

在变化很小或变化缓慢的时代，许多团队确实可能会按照可预测的顺序依次经历类似的阶段。但是当时代特征变成无休止的技术断裂，全球供应链、地缘政治和气候变化等多种因素使团队前景充满不确定性时，阶段模型就不再灵光了。

当驱动世界的因素变成速度、成本敏感性、弹性和结果导向型成果时，组织需要一个更加快捷的模型。20世纪90年代，敏捷运动雏形的种子开始在软件应用和信息技术领域传播开来，打断了项目将按照瀑布式模型次序经历一系列阶段的旧理念。新的运动相信人员会相互协作，人员所在团队会自我驱动并将文书工作降到最低，同时它强调以客户为中心，致力于迅捷和迭代实验。敏捷革命把镜头从"输入—过程—输出"模型上移开，转而聚焦可界定、可衡量的结果。

这两个团队绩效思想流派不互斥，也不一定是竞争关系。可以说，卓越团队结合了两种视角下的经验教训。敏捷派强调取得成果，相信人员能够相互协作和快速实现绩效；而社会科学派将时间线延长，考虑了培养长期团队能力和成熟度等因素。组织面临着巨大压力，既需要快速交付成果，又需要培养能够长期表现良好的成熟团队。

由于敏捷运动，阶段模型得到了新理念的补充：把团队理解为需要响应并适应瞬息万变环境的动态实体。[4] 20世纪90年代中期，戴维·蒂斯（David Teece）、加里·皮萨诺（Gary Pisano）和埃米·舒恩（Amy Shuen）首次提出动态能力框架，强调通过符合管理战略的常规团队学习来保持长期绩效。[5] 从这个角度看，团队可以作为连接战略和项目成果的桥梁。该框架强调团队的重要性，将其视为在瞬息万变环境下交付价值和实现战略创新的必要驱动因素。有关个人层级、团队层级和组织层级绩效的重要性，当年的研究结果与本书的理念一致，即项目的层级影响着项目的运行：它是由本地控制的微观项目，由更高层面上的组织因子控制的宏观项目，还是为应对复杂的、需要大量政治和文化协作的社会性挑战而实施的全球性项目。[6]

团队绩效与动态能力框架的另一个共同点是培养员工感知并响应的能力。正如杰夫·戈塞尔夫（Jeff Gothelf）和乔什·塞登（Josh Seiden）描述的那样，感知并响应是至关重要的能力，需要组织和领导者以某种方式从环境中接收信息并解读，以便进行快速响应和实验。[7] 敏捷运动及相关方法论的一个核心方面是，浏览环境中的数据，基于洞察做出反应，从而快速适应变化的环境。这不可能跟战略规划在同一时间进行，一定发生在团队层级。这需要强大的态势感知能力，以及发现机遇并动员团队把握机遇的能力。[8]

# 团队失败

现代工作面临的一个事实是，复杂性、不确定性和持续的打断（参见第1章，了解有关动态知识的更多内容）增加了风险和失败的可能性。所有的复杂项目、计划和产品团队都面临着失败的风险。当失败不可避免地降临时，团队要么进行学习，调整行为以取得成功绩效，要么继续坚持促使项目失败的行为。

复杂项目中的失败可以根据影响程度分成几类。在最早期也是最简单的层面上，它是"错误"。错误经常发生，对项目的冲击较小。接下来是"事故"，事故一词表示它给项目带来严重的成本、时间或绩效损失。事故不是最终失败，但它是一个反思点，通过反思来理解和恢复项目。最后是项目、计划、产品或任务层面的失败。

任务失败是灾难性的，会给组织和团队带来惨重损失。失败后，人们需要重新审视本书第2章提出的问题——我们在正确的轨道上吗？需要重新制定战略或选择其他道路吗？任务失败通常是早期错误或事故没有得到充分解决的结果。导致挑战者号和哥伦比亚号失事的偏差正常化源自反反复复地无视错误或合理化错误。在错误发生后能够进行沟通，理解当时的情况并恰当地响应，是智慧、成熟团队的标志。

## 改良团队的组织障碍

要想提升团队能力，必须用敏锐的眼光来审视团队。这很难，因为大多数组织和领导者喜欢隐藏实际挑战，掩盖协作中偶然出现的尴尬。这种"净化"项目的行为会让人们把成功视作一个有序的过程，而把失败看作是内在缺陷的结果。这有损于人们对团队工作方式的理解，妨碍人们去学习如何为成功创造条件。造成项目绩效不稳定的一个关键因素是组织不愿意从人员合作情况这一角度来审视项目。

团队绩效发生在团队层级，团队成员最了解相关工作方法、领域内的专业知识和客户需求。在适当的情况下，他们可以无视组织领导层，因为领导层往往过于谨慎，脱离项目或者响应迟缓。敏捷运动的盛行正是对官僚式管理的批判，帮助权力天平倾向团队一侧。NASA 等组织的优势通常在于，组织能够赋予项目团队足够的自主权，使项目团队能够自我组织以适应不断变化的情况，而高层领导在此过程中不予过多干预。

在知识密集型文化中，团队动力至关重要，因为知识流动受到社会性因素的影响。团队发现、创造、重构、利用和共享知识的方式，将会促进或者限制成长和创新。此类团队还会积极寻求新的工作方式并对其加以评估，最终决定将哪些方式并入常规和实践工作。

## 团队从困境到卓越

回到前文提到的STEREO案例，它从三个方面认识到了团队动力的重要性。一是NASA的一位高层领导打电话给爱德华，指示他为团队提供支持，因为"毒性"、失常文化正把STEREO项目引向失败。这是极不寻常的，因为需求大多来自项目团队。二是NASA在组织层级致力于提高项目团队及其领导者的绩效。我们不能低估这一点的重要性，因为许多组织忽视了团队失败的预警信号，等到想做些什么时为时已晚。三是STEREO的大本营NASA戈达德太空飞行中心所培养的知识共享和学习文化。[9]

STEREO团队是NASA最早参加所谓"四维领导力"测评的团队。四维领导力是查理·佩勒林（Charlie Pellerin）开发的一个综合测评过程。佩勒林是一名天体物理学家，但他将后半生职业生涯贡献给了领导力和团队绩效动力学。四维方法利用一个简短的调查表来收集数据，了解人们对团队的看法。STEREO项目的最初数据是当时已有数据里最糟糕的一份。[10]

STEREO项目中的两个核心相关方是戈达德太空飞行中心和它的主要合同商约翰·霍普金斯应用物理实验室，两者存在巨大文化差异，而这种差异逐渐发展成为强烈的不信任和公开的敌意。双方都说文化是个大问题，这表现为他们对绩效、成本和进度的认知存在严重分歧。这些分歧导致双方在监督管理和各自职责方面展开争斗。一名项目经理在描述这种困境时说，就像是两者奉子成婚，在婚后试图克服文化冲突。

在为期三天的研讨会上，会议伊始就向团队成员展示了调查数据。现场沉默了一分钟，谁都没说一句话。然后，来自戈达德太空飞行中心和约翰·霍普金斯应用物理实验室的两名高层领导表示，数据很准确。这让项目团队、NASA以及所有相关方都深感羞愧。于是双方都迅速承认了困扰项目的难题，并口头承诺采取实现高绩效所需的协作行为。

那么STEREO项目是怎样从"问题少年"变成模范项目的呢？首先是花时间收集数据。许多团队只会一味埋头苦干，坚持实践着作为麻烦制造者的那些行为。STEREO团队领导和成员拿出三天时间进行反思、理解、沟通，寻找新的合作方式。然后，他们接受了调查数据的真实性,这是勇敢的一步。面对不佳绩效,许多团队或者拒绝承认现实,或者进入自我防御模式,为自己辩解开脱。

之后,STEREO项目的领导层多次参加团队研讨会、个人辅导课程以及定期的团队重新测评。在这一过程中,他们发展出认可项目和承诺于共同目标的能力,并为项目未来构想了积极乐观的故事线。团队成员不再一味责备合作伙伴,而是基于对项目的共同理解,有意识地努力给自己讲述与过去不同的故事。他们制定了一份运行协议,在两个组织之间建立"无徽章文化",从而弱化戈达德太空飞行中心和约翰·霍普金斯应用物理实验室之间的文化差异,强调可信赖和对持久信任的承诺。简而言之,他们决定转变为一个珍视尊重、包容、学习和公开交流知识的团队。

面临改良压力的团队,必须探讨那些驱动绩效的具体行为。STEREO项目面临的挑战并不罕见,航空航天科研项目一般都是横跨所属行业、政界和学术界的国际合作项目。这种全球组队的安排逼迫专业技能强大的人员设法相互协作,毕竟在这个环境里,自上而下的简单权威模式已经不再奏效。在当前时代,这是项目的常态。这一现象提出的挑战是,怎样营造既尊重差异,又能超越组织差异和文化差异的团队文化。一个很好的起点是鼓励表达欣赏和感恩项目的行为和对话。"刚开始合作这个项目时,让你最感恩的事情是什么?"类似这样的简单问题有助于打造团队的团结意识。

沿着这个思路，团队必须讨论他们对于项目共同目标的承诺，这一点至关重要。做出共同承诺听起来好像很显而易见，但在现实中，合作双方在工作目标的具体细节上往往存在分歧。留出时间来讨论项目的使命、目的和目标，这一点十分重要。如果没有花时间就共同目标达成共识，由一群聪明又高度多样化的个人所组成的团队就会各自得出不同的结论，而这可能会侵蚀他们的协作能力。一些项目领导以项目回顾和项目会议为契机提出问题："项目最重要的三个成果是什么？"这样的讨论能够造就更强大的团队，使其目标清晰，不大可能浪费时间在干扰事项上。

同时，高绩效团队会熟练地使用故事工具，编写积极乐观的故事线，以增强团队的承诺、交流和信心。预测和了解团队绩效的一个快捷工具是听一听项目团队成员分享的故事。当询问项目进展时，陷入困境的项目团队所产生的故事往往充满沮丧、愤怒、责备、问题，甚至疾病："我得离开这里，不然这份工作会要了我的命。"面临挑战但进展健康的项目团队所讲的故事则十分不同，他们会在预期成功的语境下讨论挑战、障碍和问题，他们相信团队成员会奋发图强，成功度过困难时期。

不管数据多么糟糕，成功的团队对真实数据持开放态度，他们直接对话，勇于承担责任，致力于找到一条可行道路。

# 促成高绩效的六个条件

我们经常被要求描述伟大团队是怎样的，根据我们的经验，听到伟大团队比看到它们更容易，它们是有声音的，往往很喧闹：团队成员聊天、大笑、争辩、走动、发表异议、庆祝。它们为每位团队成员都能畅所欲言创造空间，所有人都不怕说实话，即便实话可能会伤害对方的感情，大家把这作为成长的一部分。他们有着共同的欣赏和感恩意识，这只能出现在重视每个团队成员的工作场所里。当成员能够放松做自己时，团队才会喧闹。

我们见过工作努力又谨小慎微的团队，成员积极参与和投入工作，但是在与高层领导和关键利益相关者对话时过于深思熟虑，不越雷池一步，以避免被挑错。从表面上看，员工之间的协作安静又礼貌，其实背后隐藏的是对犯错的畏惧。团队成员伸长脖子竭力观察高层领导的反应。结果是，团队成员从此类交谈中学到的东西少之又少，因为他们是在玩世故的印象管理游戏，而不是在进行开诚布公的对话。

成功团队更加喧闹、声音嘈杂、活力四射、斗志昂扬、诚恳坦率。有效的项目回顾应该是探查性的，目的是找出问题和差距，而不是优势。一位NASA项目经理的父亲是烘焙师，他把这种做法描述为聚焦空隙，而不是甜甜圈。这样做令人不适，但伟大团队为自己设立了高标准的绩效目标。成员向彼此反馈意见时可能会毫不留情，但这是为了确保最佳思想的流动。

虽然每个团队都是独特的，但有些行动和行为确实可以促成高绩效，其中包括：排出任务的优先次序、滋育团队、积累社会性资本、保持意义和目的、培养韧性，以及欣然接受分布式团队。

## 排出任务的优先次序

特里·利特尔（Terry Little）曾经是美国空军计划的管理人员，后来升职为美国导弹防御局（Missile Defense Agency）执行主任。他曾被委派负责联合空对地远距攻击导弹项目。在利特尔刚刚上任时，团队成员每天工作12小时或更久，但是该计划仍然深陷泥潭。在上任一天后，利特尔意识到，和他交流过的人员都没有提过项目目标。

第二天，他召开全员会议，只投放了一张幻灯片：项目目标——7月决标。目标很简单：该计划的政府合同要快速决标。这里的"快速"指的是比原定目标提前两个月。其实在利特尔上任的第一天，并没有人跟他提原定目标，设立新目标的目的是确保每个团队成员都知道往哪里努力。他让每个人都把目标打印出来，贴在自己办公位的墙上。任何与实现这个目标没有直接关系的工作，都要暂时搁置。

在接下来的时间里，没有人跟利特尔说话，但是他看到团队成员把打印出来的幻灯片张贴在办公位上。几天后，人们开始来找他讨论怎样实现目标。这步险棋的结果是，团队用了六个月就完成了所有决标工作，这比利特尔制定的大胆目标还提前了一个月，比最初承诺提前了三个月。[11]

集中注意力办大事的必要性说明组织存在帮助员工理解工作意义的挑战。卡尔·韦克（Karl Weick）率先提出了"意义构建"概念，这一术语描述的是人们十分重视组织所要求的行动、目标和行为的意义何在。[12]当不清楚预期成果是什么时，员工就会把时间浪费在错误的事情上，并且产生挫折感。挫折感孕育怀疑态度，而怀疑态度导致生产力下降。能够促进意义构建的策略，可以加深理解，提升透明度，提高团队成员的行动速度和有效性。

卓越团队清楚预期成果，它们知道哪些是优先事项，明白怎样分配时间。"成功团队会从几百个待办事项中选出10~20个。"Square公司的雷·瑞安说，"它们知道搞定哪些事项是至关重要的，但完成哪些不是必须的。它们理解当需要尽快交付服务或产品时，尴尬的瑕疵与毁灭性缺陷的差别。"[13]

沟通团队目前所面临的难题或挑战十分重要，这一点怎么强调也不过分。项目团队成员以目标为导向，衡量成就的标准是成果。在职业生涯早期，爱德华负责国际空间站项目的内部咨询工作。政治、社会、技术和成本等方面的诸多挑战汇集在一起,给团队造成极大压力。在一次会议上,计划负责人和工程部门负责人吵了起来,扬言要动手打架。人们期待作为主持人的爱德华把会议拉回正题,而他幽默地说:"让开地方,让他俩快点打架,打完我们好继续工作。"他的话把大家逗笑了,打破了紧张的气氛。会议室里的气场立即发生了变化,因为这让团队想起了真正重要的东西:使命。

下面这个方法既适用于敏捷团队,也适用于长期计划型团队。一个简单而高效的技巧是定期让团队定义和描述它要努力实现的结果。这是一个自然的反思机会,有助于统一成员的认知,为团队提供暂停脚步的机会,让它得以评估前进方向是否正确,或者是否需要做出改变。研究人员康妮·格西克(Connie Gersick)发现,团队的长期停滞夹杂着突然的变化。她提出的间断平衡模型表明,团队先是朝着预定结果努力,到达某一点后又希望且渴望做出改变。团队成功的关键是始终保持清晰的目标。[14]

## 滋育团队

高绩效团队用心滋育自己的成员。我们有意选择了"滋育"这个词,用来描述让团队成员感到尊重、包容和有归属感的行为。在字典中，滋育的意思是促进生长和健康。[15]那么高绩效团队是怎样滋育其成员的呢？

2012年，谷歌着手分析内部数据，试图解释为什么某些团队比其他团队更成功。亚里士多德项目旨在揭示影响卓越团队的相关因素。[16]这个项目的一个重要发现是，卓越团队与其他团队的领导方式、领导风格和决策方法是不同的。其中两个因素十分突出：一是在卓越团队中，成员的发言比例相对更平均——没有人强势控制对话；二是整个团队的情绪具有社会敏感性，团队成员积极参与并维护着友好的对话环境。

几年后，《纽约时报》（*New York Times*）刊载的一篇文章轰动一时，安妮塔·伍利（Anita Woolley）、托马斯·马龙（Thomas Malone）和克里斯托弗·查布里斯（Christopher Chabris）基于其研究合著，声称团队中有女性存在能够造就"更智慧的团队"。[17]"更智慧"指的是判断他人心理状态的集体智商更高了，这种能力即所谓的"心理理论"。在卓越团队中，成员更善于解读情绪信号。只要团队很大比例的成员是女性，就会对这方面有影响。研究显示，即使在线上环境中，这一效果依然显著。那么怎样解释这一现象呢？

传统上，许多组织试图忽略或逃避与问题、感受和人际动力相关的情绪，但是成功团队的行为鼓励并支持同理心和坦白表达情绪。这可能部分解释了上面的发现——为什么团队里有更多女性有助于提高绩效。女性在社会敏感度测试中的得分高于男性的，可能是这一点让多样化团队得以更有效地管理情绪。[18]

心理安全感和表达自由包括提出异议，这对团队绩效具有重大影响。不过，懂得这一点是一回事，照此执行又是另一回事。人类是群居动物，在很大程度上受团队动力和社会压力的影响。在许多环境中，引人注目和与众不同需要付出高昂代价。但是害怕表达意见或是压制不同声音，也会给组织带来极为严重的后果，例如第3章提到的因NASA的缄默而造成的后果——挑战者号和哥伦比亚号航天飞机失事。在这两起事故中，团队都有禁止或限制沟通交流的不健康倾向。虽然很多组织拥有高智商员工、优秀的领导者、大量高绩效团队，但是除非持续致力于把心理安全感作为常态，否则任何团队都可能会陷入缄默文化。

对于长期项目而言，即横跨几十年，需要经历几代赞助商和利益相关者的项目，这一点更具挑战性。NASA科学任务理事会的詹姆斯·韦伯太空望远镜（James Webb Space Telescope）计划的负责人格雷格·鲁宾逊（Greg Robinson）说："长期项目内部会逐渐形成一种文化，它独立于机构或其所在组织的大文化。"他指出，这类项目往往会传达一种排外信息："走开，我们能搞定。"[19]

团队如何拥有持续的心理安全感？喷气推进实验室的VITAL呼吸机项目面临着不能会面的特殊挑战，当时新冠肺炎疫情使团队不得不远程工作。项目结束六个月后,运营团队负责人斯泰茜·博兰说:"一开始,我们其实不太了解彼此,我们中有些人至今还没见过面。"[20]即便如此,团队从一开始就在明确培养心理安全感。博兰说:"我们鼓励成员发表自己的意见,遇到问题说出来,通过交流来解决问题,而不是只展示成品。"视频会议等技术帮助团队成员快速建立了融洽的关系。"在做这个项目时,我们在开会时会一直开着摄像头,而其他项目不是这样的。"VITAL呼吸机项目领导团队的行政助理凯里·韦斯伯格说,"我认为,这让我们的会议有一种身临其境的亲切感,能让每个人保持动力。"心理安全感是团队健康的标志,拥有心理安全感意味着当遇到缄默、排他和恐惧因素时,团队的免疫应答能力会很强。

滋育团队不仅仅是建立心理安全感,团队具有多样性、包容性以及尊重每位成员,也与高绩效存在关联。前文提到过,伟大团队往往是喧闹的,部分原因在于团队成员在相互提反对意见和展示不同视角,彼此挑战。如果问题涉及复杂系统,组织就需要拥有蕴含各种不同认知的团队。这意味着,团队需要思维方式各不相同的成员。美国密歇根大学的斯科特·佩奇(Scott Page)发明了"多样性红利"这一术语,它描述的是拥有新颖认知工具的成员能够为团队带来的价值。他说:"如果该领域或挑战十分复杂,那么团队中存在多样性红利,因为不同的人掌握着不同的相关工具。"[21]

Netflix公司的挑战很好地说明了多样化团队的力量。2006年，Netflix公司宣布举办公开竞赛，以优化其电影推荐引擎的性能。任何能够实现10%性能优化的团队，将会赢得一百万美元的奖金。在真金白银的吸引下，拥有高超工程专业技能的团队前来解决这个难题。竞赛开始一年后，一个名为Bellkor的团队暂时领先，其优化幅度比原有技术提高了8.4%。它先是跟一个竞争团队合并，之后又跟实力远低于自己但具有互补优势的另一个团队合并。团队所需的知识有时是技术性的，有时是社会性的（比如了解人们在给电影评分时的思考和分类方式）。正如佩奇指出的那样："到头来，仅仅智商高还不够。这是非常重要的一课，跨越10%这道门槛需要不同的思考、观察、解决方式和编码方式。"[22]

在跨学科团队中，一定程度的认知多样性是假定事实。电气工程师和计算机工程师会从迥然不同的角度来解决同一问题。即使是在由同一类人员组成的团队里，比如软件开发工程师团队，如果团队成员进入这一行业的途径不同，那么团队中也会存在认知多样性。Square公司的雷·瑞安曾在高中毕业生和前律师中发掘出才华横溢的软件开发工程师，他说："我们不会特别看中你上的是哪所学校或者是否上过大学。"[23]

若想让成员拥有不同的思维方式，在选择项目团队成员时，身份多样性也很重要。哥伦比亚大学的凯瑟琳·菲利普斯（Katherine Phillips）写道："来自不同身份群体的人，会带来不同的知识、经验和思维模式以供团队选择，从而增加认知多样性，并因此促成最佳成果（预测、创造力、决策、解决问题等）。正如工程学、心理学或文化人类学领域的功能性训练会影响你的认知身份一样，性别、种族、文化背景、能力（或缺陷）等也会。"[24]

## 积累社会性资本

在NASA项目学院成立后的最初几年里，NASA几乎完全专注于通过培训课程来发展个人胜任力。其中最受欢迎的讲演者之一是杰里·马登，他是NASA戈达德太空飞行中心的一位经验丰富的项目经理，他讲课的方式就是坐下来讲故事。在马登讲的故事里，最有趣的故事都是关于人的。例如，在一次执行卫星任务的过程中，他们曾与一家德国合作伙伴共事，他的团队经常受到大餐款待。一次去德国时，为了表达感谢，他们团队决定投桃报李，在临行时捎上了得克萨斯烧烤酱，为主办方办了一场派对，派对非常成功。后来出现了一个技术问题，一束电线断了。这本身是个小问题，但可能会严重影响进度。一名技术人员听到了有关对话，他问道："是不是办烧烤派对的那些人？"当他了解到正是请客的那个团队时,他主动提出趁下个午休时间修理电线。这个小插曲让马登认识到:"关于项目管理,你需要了解的是,带点烧烤酱。"[25]

这个故事很有趣,让人听了不禁嘴角上扬。几百年来,人们一直都知道共享食物和美酒的重要性,这是润滑剂,能够推动重要讨论和交易的顺利进行。它能建立某种社会连接,让人们更加轻松地分享观点和解读他人的反应。这个例子再次强调了前文谈到的那一点——滋育团队,让成员在心理安全和互相尊重的基础上争论和表达不同意见。精明的团队利用文化元素解决问题、适应变化和开展学习。

## 保持意义和目的

VITAL呼吸机项目在争分夺秒着手设计可以用现成商用零件快速组装的新呼吸机,而凯里·韦斯伯格在主持每日团队例会时,总会朗读项目目的:"为了满足新冠肺炎患者对呼吸机的需求,并在此过程中做到紧密贴合患者需求、最佳医学实践、生产能力和美国联邦法规,我们将积极协调以保证项目被高效、快速地执行,以便喷气推进实验室可以设计和测试呼吸机并为其申请许可,将呼吸机整合到医院的患者护理工作中去。"[26]

项目团队是为了什么而共同努力?当向团队成员灌输了明确

目的后，动机就不再是个问题，而是内在固有的因素。目的为团队提供动力，帮助团队顺利度过不可避免的挫折和冲突。在每次团队会议开始时朗读目的这样的简单动作，可以提醒团队是为了什么而共同努力，这是十分重要的。

目的可以为团队提供动力，但是它也只能为团队做到这一点。团队面临的挑战会让团队成员拼搏奋斗，这反过来将在更深层面改变团队。大型组织创新研究院（Institute for Innovation in Large Organizations）创始人兼总裁彼得·特梅斯（Peter Temes）说："奋斗创造意义，共同奋斗创造共同意义。"[27]目的和意义的区别似乎属于语义学范畴，但是仍然值得我们区分清楚。共同目的是团队在不断努力去实现的东西；共同意义揭示的是对于成员而言团队经历有什么重要性。团队往往只能在事后反思和事后对话中找到项目的共同意义，特别是在像VITAL这样紧锣密鼓的快节奏项目中。

目的陈述和项目章程听起来可能像是为了树立自信，但它们也是让团队团结在一起的共同承诺，为团队的工作方式提供了框架。2013年7月，意大利宇航员卢卡·帕尔米塔诺（Luca Parmitano）参与了国际空间站的一次太空行走，险些遇难。他的宇航服头盔发生故障，结果水灌入头盔并越积越深。机组成员快速采取行动，把帕尔米塔诺拖回空间站。积水好像是滤网堵塞造成的。[28]

第二天早上，NASA一位高层领导怒气冲冲地来到爱德华的办公室。"你是怎么教这些人的？"他气愤地问，"我们在培训、领导力发展、沟通和政策上花费了那么多资源，怎么可能发生这种事？"爱德华还没听说这件事，不明白是什么引发了这通激烈的攻击。他很快就查出，在不到两周前的一次类似任务中，这名宇航员曾遇到同样的问题。空间站机组经商讨后故意未上报该问题，这真是令人震惊。在像太空行走这样的高危项目中，第一运营准则就是一旦出现常规偏离必须立即清楚地上报。

这件事只能解释为，机组成员当时确信漏水是饮水袋渗漏这一常见问题造成的。他们是那样坚信这一点，因此决定不用上报这个问题，继续进行常规活动。如前文所述，当长期项目培养起独立于组织的文化时，它给局外人传达的信息往往是"走开，我们能搞定"。这是由高智商人员组成的高绩效团队的一个现实情况，他们希望无人打扰，清净地工作，最后交付卓越的成果。任何阻挡他们达到目的的东西，都会被视作干扰和对其宝贵时间的浪费。他们相信自己能够解决问题，这让他们抗拒任何强迫他们停止工作以及花时间进行学习和分享的事情。

来到爱德华办公室的那位高管不停追问机组怎么会做出这样愚蠢的决定，爱德华团队开展的人员学习和人才发展工作出了什么问题？

爱德华以问作答："项目章程里有没有要求持续学习、共享知识、开展培训和进行反思？"

在沉默良久后，那位高管回答："没有。"

强烈的目的感可能是一把双刃剑。一些团队喜欢夸耀自己的速度和敏捷性。相对于监管过严的团队，不受规则束缚的团队的决策速度更快，绩效更高，但是实际情况各不相同。有的决策所涉及的风险可以低到忽略不计，在这种情况下，即使决策失败，团队也可以毫不费力地修正它。但是在有些情况下，错误决策可能带来严重后果，甚至造成生命损失。制定决策首先需要理解语境，任务目的要求我们在尽快完成任务与花时间沟通和学习之间找到平衡点。卓越团队考虑了上述变量，其承诺的目的兼顾成果、人员和反思。

## 培养韧性

如前文所述，1986年1月的挑战者号航天飞机事故给NASA造成重创。机组成员的丧生给整个NASA带来强烈的精神冲击和心理痛苦。事故还让NASA乱作一团，一些任务原本是按照航天飞机的发射进行设计和排期的，在航天飞机项目搁置期间，其他项目不得不寻求新的升空方式。

其中一个受影响的任务是宇宙背景探测器项目（以下简称COBE），一个搜索特定类型辐射的科学项目。包括COBE项目中的科学家约翰·马瑟（John Mather）在内的许多物理学家认为，这些辐射也许可以作为大爆炸理论的证据。挑战者号事故发生后的第一天，COBE项目的经理丹尼斯·麦卡锡召集项目团队开会，寻找新的出路。在接下来的几个月里，团队探索了世界上所有可能的发射载具。麦卡锡还一度惹恼了NASA总部，因为他没有通过指挥链就擅自联系了法国航天公司阿丽亚娜（Ariane），探讨使用该公司火箭发射COBE的可能性。在他看来，他的工作是"把这东西发射到太空去，无论用什么方式"。最终的解决方案要求完全改变COBE的设计，草图被麦卡锡画在一张纸巾的背面。他重新设置了团队的工作场所，把它改造成一个"科研牛棚"（这个绰号跟二战期间洛克希德公司一个传奇的飞机开发团队有关）。这个年轻团队夜以继日地赶制图纸，并聘请顶尖工程人才审查每一张图纸。[29]这股韧性于1989年11月赢得了第一波红利——COBE成功升入太空，但是最重要的回报还在后面。2006年，马瑟和探测器上一个仪器的主要研究员乔治·斯穆特（George Smoot）基于通过COBE科学数据所做出的发现，共同获得了诺贝尔物理学奖。

相关韧性研究大多围绕的是个人。鉴于项目工作发生在团队层级，我们也应该从集体角度探讨韧性。团队领导需要预见问题苗头，合理设计团队使其具备个人及集体韧性。凯瑟琳·麦克尤恩（Kathryn McEwen）和卡罗琳·博伊德（Carolyn Boyd）的研究发现，团队韧性的重要性正与日俱增，这表现在寻求反馈、乐于合作、彼此支持和庆祝成功等行为上。[30]

韧性与卡罗尔·德韦克（Carol Dweck）提出的"成长型思维"这一概念联系密切。[31]成长型思维驱动团队成员寻求具有挑战性的机会，因为他们愿意继续学习和成长。接受成长使他们更具韧性，更勇于战胜失败和困难。接受成长促使团队养成了坦诚反馈，以持续改进为目的进行绩效评估，制定持续学习的战略和文化。美国陆军和微软等组织已经把这一概念和判断标准纳入它们的成功团队设计。[32]

## 欣然接受分布式团队

苏格兰高地是世界上最美丽的地方之一，这里非常偏僻，"无法到达的地方"特别适用于描述苏格兰高地。复杂的地形使得该地区的经济发展十分受限，迫使年轻人去别的地方寻求财富。为应对这一挑战，由政府运营的经济发展机构高地与岛屿公司（Highlands and Islands Enterprise）寻求利用该地区的自然资源来吸引世界各地的专业创意人士到此参加一年一度的盛会。年度盛会既可以带来收入，更重要的是，还能帮助这一地区成为艺术家和工匠的常顾之所。

自2013年以来，名为XpoNorth的创意产业节发挥了这样的作用，吸引着来自各个领域的全球人才，从电影界、音乐界到手工艺界和出版界，不一而足。XpoNorth创意产业节的共同创始人伊恩·汉密尔顿（Iain Hamilton）说："我们需要建立人脉网络，因为高地和岛屿地区太小了。"[33]在新冠肺炎疫情迫使人们转向全数字模式之前，XpoNorth创意产业节每年吸引了2 000名与会者前往该地区的最大城市因弗内斯。从活动方案到住宿，再到餐食，活动策划方精心打造与会体验，使这一盛会独一无二。活动策划方在努力建立一种情感联结，促使与会者把这里当作创意网络的一部分，从而再次回到这里。

汉密尔顿是XpoNorth团队中仅有的两名公务员之一。策划和执行活动所需的其他人员都是合同工。对于政府组织而言，要想具备必要的敏捷性来举办世界级创意人才大会，这多半是唯一的方式了。汉密尔顿说："我们的行动速度是其他政府组织无法企及的，而且我们拥有他们没有的网络。"

XpoNorth团队的组建方式是极度分布式的，这跟爱德华在领导NASA项目学院和担任首席知识官期间所采用的组队方式如出一辙。在许多年里，NASA项目学院一直由爱德华和一位副手共同运营，他们时不时邀请临时轮岗的其他公务员参与进来以解决特定需求，比如增强NASA的系统工程能力。其他所有功能全部由合同商或来自NASA其他下属中心的合作伙伴来实现，从组织培训课程和举办知识共享活动，到为STEREO等项目团队提供支持。

极度分布式团队的主要特点是迅速性和灵活性，需要时能够随处获取人才并快速采取行动的能力，使其能够执行各种各样的项目，同时只需要承担相对较低的一般管理费用。新冠肺炎疫情向许多公司证明了NASA项目学院和XpoNorth项目早已知道的一点：技术让项目专业人员能够与分布在世界各地的团队合作。分布式团队将会继续存在下去。

## 如何打造高绩效项目团队

第一，以人为本。项目团队的核心是人，这听起来很简单，但以我们的经验而言，领导者和组织很少会这样想。组织要让团队成员有感恩感和包容感，让他们知道自己将要去做的是一件特别的事，而他们有幸成为其中的一员。在项目开始时，团队应花时间感谢和介绍所有团队成员，请他们讨论关于有机会参与这项工作，他们最感激的是哪一点。简短的感恩活动会产生明显的效果，会提醒团队成员他们刚刚踏上的旅途将会带来怎样的效益。这样的对话还能让团队成员找到共同经验，并快速建立默契。

第二，培育成长型和学习型思维。大多数职业发展侧重于个人，培养个人胜任力、工作能力、信心和韧性是件好事。但是鉴于项目工作是通过团队来实现的，团队才是学习和知识的测量单位。我们见证过无数由能力杰出的实践人士组成的团队，因为没有考虑协作中人的元素最终一败涂地。要想避免这种情况的发生，一个方法是，在制定团队准则时，把成长和学习写进团队目的。鼓励团队成员规划个人发展，同时思考每个项目是如何帮助他们提升在项目环境下有效工作的能力的。

第三，专注于关键目标和成果。有两点会让团队具有挫折感：一是成员不喜欢被视为"资源"、"资产"或"资本"；二是当不知道把注意力集中在哪里时，团队就会产生挫折感。一个很常见的请求是请领导层明确优先顺序。如果每件事都很重要，那么每件事就都不重要。第1章描述的关键知识流程为知识工作提供了一个有力的工具。同样，拿出时间和空间快速讨论团队使命以及已经朝着关键目标和成果前进了多少，也很重要。这些讨论应该是简短的，除非是在开务虚会。

第四，聪明又安全的失败。没有人想失败，但是不犯错误就无从学习。成功团队围绕可接受的风险进行对话，创造条件来分享从错误、事故和失败中得来的洞见。韧性往往来自在应对过去失败的过程中培养起来的能力。聪明又安全的失败意味着接受基于风险的思维。把风险当作资源的思维模式有助于团队抵御期待奇迹的幻想思维，同时能培养团队成员从挫败中学习的开放心态。

　　第五，致力于实现目的。目的为团队提供内发动机。研究发现，目的感对身心健康和幸福感都发挥着重要作用。[34]人们想做有价值、有相关性、有意义的工作。项目所指方向虽具挑战性但是十分清晰，这样的目的感和可能性能够提升团队绩效。之所以把目的放在最后，是因为我们认为它是团队成功的基础。一段时间后，团队需要再次提醒成员它的目的是什么。可以在开会时提醒他们项目的目的，也可以寻找机会请团队成员报告自己的工作和成就，以便他们可以向其他人说明自己的工作与大局的关系。这样的小举动将会给团队带来巨大的红利：有坚定目的的团队会想办法克服你能想到的最艰巨的挑战。

# 第6章 全球协作：国际空间站项目

国际空间站（以下简称ISS）可能是国际合作伙伴共同承担的项目中规模最大、最复杂、最成功的一个项目。ISS运行在高度为200多英里（1英里约等于1.609千米）的轨道上，每90分钟绕地球一周，是一个复杂的技术奇迹。先后有42次飞行——美国37次，俄罗斯5次，共历时10年，把主要组件送入太空进行装配。ISS总质量达一百万磅（1磅约等于0.454千克），成员国的组件连接在一个长达357英尺（1英尺约等于0.305米）的主结构上，其中16个载人模块所提供的总居住和工作空间超过了普通6居室住房。240英尺长的太阳能电池阵产生的能量可以满足空间站任意时刻的需求，足够满足30多个家庭的用电需求。ISS可同时停靠8艘飞船。[1]

也许最令人印象深刻的是，ISS的设计、建造和运营基本都依赖国际努力，即美国、俄罗斯、欧盟、日本和加拿大的密切合作。在本书编写期间，ISS已经连续载人21年，来自19个国家和地区的240人曾在那里停留过。这个雄心勃勃的项目吸引了众多宇航局及其政府（其中一些是政治上的竞争对手）开展合作，ISS的成功运行需要极度密切的持续合作，难怪它曾经获得诺贝尔奖提名。

建立起这样的合作精神，需要多年时间和不知疲倦的努力。本书前言提到了全球性项目，ISS就是其中一个代表。协作不是选择而是必然，因为这一挑战过于艰巨，任何一个国家都无法独立承担。在一群国际合作伙伴之间达成协议的必要性，让ISS项目具有了内在的政治性，而这又意味着政治风险是等式的一部分。ISS的实际建造始于1998年，但是相关工作在多年以前就已开始，包括大量且往往十分艰难的规划和谈判工作。规划和谈判之前的基础工作的启动时间，甚至还要再向前推，这些合作经历培养了未来协作所需的部分信任和理解。

ISS为其他大型项目提供了重要经验教训，特别是那些合作伙伴在地理上分散、在文化上多元的项目。连通的世界为国际合作创造了机会，有时也对国际合作的开展提出了必然要求——比如新冠肺炎疫情。ISS项目的经验可以为有些国际协作提供指导。虽然未来项目可能很少会有同样的组织复杂性和技术复杂性，但是ISS项目的成功向世人展示了，对于任何大型项目而言，通过广泛的沟通、协商和协作来构建共同承诺和共同理解，是多么重要。

ISS项目的成功提供的另一条重要经验是,项目领导者如何才能思虑周全地在明确的标准和必要的灵活性之间找到平衡点。建造统一的功能设施需要明确的标准,而应对不可预见的情况以及为不同参与方的喜好和创造力预留空间,又需要灵活性。基于规定各方义务和期待的国际协议,ISS的设计到处都彰显着这种谨慎的平衡。

## 合作基础

早在1980年,在美国政府正式承诺开发ISS之前,NASA就已经开始与加拿大国家航天局、欧洲航天局和日本宇宙航空研究开发机构一起探讨如何构建和使用空间站,例如:各方可以贡献哪些硬件?怎样处理复杂的财务和管理问题?在制定关于空间站的设计、开发和运营协议时,负责NASA内部流程的林恩·威格贝尔斯(Lyn Wigbels)十分清楚,计划必须尊重所有合作方及其政府的需要,这样才能有机会得到各方的认可。这是个艰难的过程,其中一个关键的成功秘诀是,从一开始就让所有利益相关方参与进来。这让合作伙伴有机会了解彼此的立场,同时让他们得以共同制定战略,而不是由一方独立编写一套详细的要求,然后再请其他各方提供反馈。

作为最主要的参与方以及在太空技术方面经验最为丰富的机构，NASA需要学习以开放的态度看待其他合作方的利益和工作方式。在复杂的协商过程中，这需要付出时间和耐心。达成所有相关机构及政府都首肯的决策，需要大量双边及多边讨论，以及无数版草案。威格贝尔斯指出，要想达成一致，两个条款十分关键——一是同意合作伙伴尽最大可能减少资金交换（尽可能采用以服务换服务的方式），二是赋予合作伙伴使用自己运输系统的权利。在ISS项目正式开展之前，上述谈判已经开始，这让人们得以在没有施工进度压力的条件下开展这项工作。[2]

NASA与俄罗斯方面的谈判始于20世纪90年代。鉴于当时俄罗斯和美国在政治和太空技术领域都是竞争关系，谈判尤其艰难。要在此前没有合作经历的群体间建立信任和理解，最艰难的是迈出最初的几步。合作意愿至少需要以可信赖和共同目的为前提，而合作可以增进信任。

怎样奠定上述协作基础？共同参与正式谈判。漫长的谈判过程能够逐渐培养起必要的信任，共同的专业能力也是信任的重要来源。工程师以及相关技术领域的其他人员，可以在展示领域知识的过程中赢得彼此的尊重。虽然他们生活和工作在不同的国家，彼此之前也不认识，但他们其实都在同一个非正式实践社区，同属于特定技术学科，这一身份给了他们共同的基础。合作的另一个来源是明确承诺清晰的共同目标，换句话说，有证据表明，合作伙伴为之努力的重要目标与你的目标是相同的。在一定程度上，对于你和未来合作伙伴的追求是一致的这份信心，从一开始就必不可少。在项目进行过程中，合作方必须反复表现和加强这一共同性。

威廉·格斯滕梅尔（William Gerstenmaier）在俄罗斯工作的经历为我们展示了如何培养开展ISS项目所需的信任和理解。从1995年至1996年，作为NASA宇航员香农·卢西德（Shannon Lucid）的地面联络员，他在俄罗斯停留了6个月，当时卢西德正在ISS的前身和平号空间站上。在此期间，格斯滕梅尔有机会向俄罗斯同行展示他的技术知识以及他对ISS项目的承诺。在接受《ASK杂志》的采访时，他解释说：

我是第一个去俄罗斯担任科学项目运营主管的美国人，而且我在那里待了很长一段时间。此前，其他成员会过来待一两个星期，之后回美国，然后NASA再换一个人过来。我是第一个从始至终（约6个月）都待在那里的人……因为我有太空飞船、空间站领域的背景，不是那种刚走出校门的新人。实际上，我的短期太空飞行经验十分丰富，这在俄罗斯人看来是新奇的。[3]

俄罗斯人见证了格斯滕梅尔对技术事实的尊重。基于掌握的俄罗斯计划的第一手资料，他知道NASA的一些谈判点是不可行的，因此在与同事对话时，他直接划掉了那些要求。谈判桌另一侧坐着一个知识渊博的人，俄罗斯人很欣赏这一点。对格斯滕梅尔专业知识的尊重以及对顺利推进工作的共同承诺，为建立更加牢固的互信关系奠定了基础。随着俄罗斯人对格斯滕梅尔的了解逐渐深入，他对俄罗斯人的了解也更加深入，当俄罗斯方面和NASA开电话会议时，他开始坐在会议室后面旁听。俄罗斯人会过来找他说："简直是疯了，你知道这一项我们办不到。"实际上，他开始透过俄罗斯文化看到，来自NASA的美国人在俄罗斯人眼里是什么样的。在格斯滕梅尔后来任职NASA空间站计划的副项目经理时，这些关系派上了用场。他说："我认识这些家伙，跟他们共事过。我在他们的国家生活过，他们了解我，我也了解他们的文化。"

除了卢西德在和平号空间站停留了6个月，NASA还向和平号空间站运送了物资，包括美国的科研仪器——这是多国合作科研工作的早期范例。这一协作源自美国总统乔治·H. W. 布什（George H. W. Bush）和苏联领导人米哈伊尔·戈尔巴乔夫（Mikhail Gorbachev）在1991年7月签署的协议。苏联解体后，鲍里斯·叶利钦（Boris Yeltsin）领导下的俄罗斯延续了这一协议。[4]在航天飞机与和平号空间站的对接中，共有7次舱外活动，每个国家的宇航员都接受了对方国家的培训。[5]

和平号空间站的合作是ISS合作的必要先驱。约翰·麦克布赖恩（John McBrine）在位于星城的俄罗斯宇航员训练中心服务过三次，期间曾担任NASA运营主管。他说："和平号空间站计划润滑了NASA与俄罗斯联邦航天局之间的关系。"共同协作以及理解和尊重彼此的工作方式，改善了两者之间的关系。麦克布赖恩认识到，俄罗斯人有着不同的思维方式和不同的工作方式。随着时间的推移，他逐渐知道了"谁能让事情发生，怎样让事情发生"，他还认识到个人关系在工作中的重要性。他指出，个人关系提供了一定的透明度，而官方渠道可能无法办到。工程师之间的对话聚焦共同的技术问题，而不是国家之间的差异。用麦克布赖恩的话说："90度角就是90度角。"[6]

1997年，和平号舱内的一次危险火灾事故检验并证实了两国之间的良好合作关系。俄罗斯的一个氧气发生器发生故障，导致航天器内充满刺鼻的烟雾。当时，美国宇航员杰里·林恩格（Jerry Linenger）是机组成员之一，他是一名医生。在机组成功控制火势后，林恩格为机组成员检查身体，确认无人受伤。在接下来的几个月里，NASA和俄罗斯联邦航天局一起开发了一种更加安全的氧气发生器，并且制造了一种防火盾，它能够阻止火势的蔓延。高氧条件下材料易燃性方面的NASA专家哈罗德·比森（Harold Beeson）在解释与俄罗斯人建立协作关系的重要性时说："我们需要保持微妙的政治平衡，我不想成为看热闹的讨厌的美国人——只是站在旁边说你们的系统有故障啊。我们一定要加入同一个团队，每个人都努力解决问题本身，而不是指责其他人。"[7]在这一语境下，增进团结的简单努力就能让团队凝聚在一起，比如定期共进午餐。这次协作的成果是研发了更加安全的氧气发生器，它后来被用在了ISS上。

NASA宇航员卡迪·科尔曼（Cady Coleman）于2010—2011年在ISS上停留了六个月，当时机组成员主要由美国和俄罗斯的宇航员组成。她总结了为什么人际关系会使合作成为可能："理解对方的语言和文化是形成认可和尊重的标志，是在说'我懂你'。"[8]

## 谈判与协议

ISS前期的相关准备工作表明，对于文化及地理上的分布式大型项目而言，一条重要经验是，必要的规划和谈判需要耗费大量时间和缜密的外交努力。急于开始"真正的工作"是潜在的致命错误，那些早期准备工作为项目奠定了必不可少的基础，支撑着最终的结构。

NASA首席谈判代表琳恩·克莱因（Lynn Cline）透露："谈

判耗时四年，我们邀请俄罗斯参与合作的官方邀请函的发出时间是1993年，谈判最终完成时间是1997年。之后我们还要核对谈判内容的措辞等，举办签字仪式是在1998年年初。"[9]虽然这场谈判是双边的——在NASA和俄罗斯联邦航天局之间，但这需要获得所有合作方的认可。克莱因说：

如果欧洲一方要求做出改动，那么我必须将信息转达给加拿大、日本和俄罗斯，在得到所有国家的认可后，我才能同意改动。最终，虽然有单独的双边协议，但是所有协议的某些条款是完全相同的，因为不可能同时存在五套不同的管理方式。由于我们进行的是双边会议，所以这是个具有高度重复性的工作，我们不得不一遍又一遍地讨论同样的要点。不知道要经过多少场谈判才能让各方就一个具体条款达成同样的妥协，这非常耗时。

NASA最初的合作伙伴——加拿大、欧盟和日本担心俄罗斯的加入会让它们失去一部分权力和义务。这是可以理解的。虽然冷战时期的政治对抗已经缓解，但是NASA仍然需要说服合作伙伴，把俄罗斯联邦航天局的重要能力纳入合作伙伴计划对各方都有好处。克莱因说："我可以告诉俄罗斯人，NASA可以迁就你，但那样欧洲人会退出或者日本人不肯改……我们很难判断哪些是真正的问题，哪些只是谈判策略。"更加复杂的是，不仅是各方宇航局，各方政府在谈判中必然也有发言权。克莱因提到："我是参加政府间协议谈判的NASA代表之一，这是由美国国务院主导的多边政治协议。"

克莱因具有完成这份高难度工作所需的背景和技巧，她在大学学的是外语专业，在NASA实习期间首次涉猎美俄事务，参与了美俄首次太空合作——阿波罗-联盟测试计划（Apollo-Soyuz Test Project）的后续事务。后来，她带领美国代表团加入了联合国和平利用外层空间委员会（the United Nations Committee on the Peaceful Uses of Outer Space）。同样重要的是，她拥有优秀的谈判代表需要具备的个人技巧。

在我的职业生涯中，人们经常说我是优秀的倾听者。我认为这是因为我学习外语专业，懂得其他国家的人的说话方式。当我们不用同样的词汇来描述事物时，我们的思维方式也会不同。我对其他文化一直很感兴趣，我可以站在别人的立场去思考问题。有人说，我是极度有耐心的人，可以把同样的讨论重复20遍也不会气急败坏。这些素质在谈判中都是必不可少的。[10]

这就是全球性项目可以借鉴的另一个关键经验教训：成功取决于雇用对的人，不仅包括那些拥有必要技术知识的人员，还包括拥有必要文化和关系技能，能够铸就共识和合作的人员。跟格斯滕梅尔一样，克莱因强调人际关系对于达成可行协议的重要性。NASA人事变动频繁，俄罗斯方面则不然，雇用的仍是参与过阿波罗-联盟测试计划的老人，他们仍然记得与美国人的成功合作。克莱因认为，这是NASA不得不从中学习的经验。

开始时，约翰逊航天中心会让相关人员轮岗，第二次会派另一名航空电子专家或结构专家过去。俄罗斯人不知道怎样应对，因为他们熟悉的是前一个人，但最后也不得不认识新人。约翰逊航天中心随后了解到，必须尊重人际关系，如果要换人，那么原来那个已经与对方建立起关系的人需要介绍他的继任者，并说："我保证，他真的很厉害，请像跟我合作那样跟这个人合作。"[11]

在ISS项目的协作中，NASA的表现不总是完美的。2011年7月，爱德华主持了白木邦明（Kuniaki Shiraki）和格斯滕梅尔之间的一次对话。白木邦明来自日本宇宙航空研究开发机构，他坦率地谈到了20世纪80年代的艰难合作。他提到，日本宇宙航空研究开发机构的规模小、经验少，在建立起良好的工作关系之前，有段时间他们不得不跟NASA"打架"。[12]

建立信任关系至关重要。克莱因指出，灵活性是成功的关键要素，因为合作伙伴的需求多样且复杂，所以长期项目必然面临变化和意外。"作为谈判代表，你需要避免的一点是说得太精确，因为事情会发生变化，特别是在长期项目中。"她说，"项目会出现技术问题，政府政策会发生变化，执政政府会更替。我认为，

ISS协议非常灵活。"[13]

在保持运营和管理的灵活性方面,如果组织为避免混乱而制定了必须遵守的基本原则与严格规定,那么这只会是不必要的限制和适得其反的细则。商定的空间站物理设计就是这样,许多元素必须严格标准化,比如不同国家建造的空间站组件以及提供必要服务的硬件设备,还有对接不同国家航天器的停靠系统。由不同机构在不同国家建造的ISS模块,能够在距地面200多英里的高空无缝连接,这是技术协调性成功的最显著证据。但是除上述必要限制之外,空间站设计同时允许差异的存在,以便各方能够使用各自开发和珍视的技术。NASA和俄罗斯方面设计的模块拥有一些不同的能力和技术,比如通过不同方式制造辅助氧气。

赋予合作伙伴自由,使其能够自我裁决如何应对无法预测的状况,这仰赖于对他们良好判断力和善意的信任——换句话说,仰赖于已经建立起来的良好工作关系。如果缺乏信任,那么每件事都需要清楚、详细地说明。克莱因说:"这比任何成文规定都重要得多。如果需要详细的文字说明才能跟合作伙伴一道推进该计划,那么你们之间存在沟通和关系问题。"[14]与俄罗斯人的漫长谈判在很多方面都是令人沮丧的,但是数月的合作改善了两方的关系,而这种关系使得协议最终得以达成。"开始时,我们努力抗争,坚持那些我们认为非常重要的原则。但合作一旦启动,彼此建立起信任和尊重,人们自然而然就能搞明白该如何合作,不需要查看协议条款和措辞，不必坚持协议中的规定。"克莱因说，"合作很简单，就是朝着共同的目标一起努力。"[15]

最后一点非常关键。团队所努力实现的共同结果，需要得到所有参与方的理解和重视，否则，无论怎么相互信任和尊重，各方都无法促成必要的协调性。

# 长期保留项目知识

持续多年的大型项目所面临的一个挑战是，以可访问和可利用的形式保存关键知识。时间久了，一些技术开发者很可能会退出或退休，这可能会带走他们对工作的深入理解，即关于事物运行方式的微妙细节，而了解这些是项目成功的必要条件。

大型创新项目是知识创造引擎。除了保存这些知识以供自己利用和再利用，项目知识还可以成为未来工作的重要基础，当然前提是其知识得到谨慎保存和有效共享。实际情况与理想相差甚远。由于时间紧迫、人力和财力资源有限，以及很少有人正式负责管理知识这一事实，项目知识往往会流失。

ISS项目采取了一些知识保留措施，随着时间的流逝，它们已经证明了自己的价值。ISS项目前工程师蒂姆·豪厄尔（Tim

Howell）负责"设计知识捕获"（Design Knowledge Capture，以下简称DKC）计划。这是1997年年末开始的一项举措，旨在建立一个有关空间站设计元素的真实知识库。空间站的生命周期一般是30年左右，经过这么长时间，如果不采取措施保护知识，那么一部分或大部分隐性知识注定会流失掉。DKC计划的实施就是为了应对这一情况。豪厄尔引用了一位ISS计划管理人员的话："当我打电话给控制台操作员，问他远程电源控制模块的使用寿命是多长时间时，我不希望他从电脑上的规格文件里摘录一段话来回复我，我希望控制台操作员能够根据他从设计师本人那里学到的知识，告诉我真正的设计容量是多少。"[16]

豪厄尔说："由于时间和资源有限，我们的主要工作是赶在关键专家退出该计划前找到他们。我们的使命是在团队管理人员和同事的帮助下，找到ISS主题专家，即被同僚确定为该工程学科中最渊博的人。""捕获、索引、共享"是该计划的口号。参与ISS设计的联系人指引DKC团队找到主题专家，特别是那些即将退休或调往其他计划的专家。DKC团队侧重于对实际运作要点的讨论，会进行视频录像。DKC网站会根据话题将内容编入索引，以便工程师能够轻松地找到他们需要的内容。

有时这些知识能立即产生新的程序和培训规程。例如，太阳能电池板设计者知道，折叠存放电池板可能会导致电池板粘连，当在太空中展开电池板时，表面张力可能致使相关线缆脱离滑轮。得到这一信息后，宇航员办公室和太阳能电池阵设计工程师制作了一个新的收线工具，并放慢了展开过程，以便降低表面张力的影响。

DKC团队与一名舱外活动气闸舱设计师共处了8个小时，录制了关于气闸舱现场组装过程的视频。几个月后，这名工程师离开了公司。在许多组织中，员工的离职意味着关于"如何"和"为什么"知识的严重损失。DKC团队所做的工作避免了这一常见问题的发生。

## 行动中的合作

在前期的共同努力、数年的谈判以及空间站建设过程中逐渐培养起来的合作精神，仍然贯穿多国机组成员在空间站20余年的成功协作。共同的工作以及对彼此语言和文化的熟悉，培养了良好的人际关系，使团队充满信任、尊重，以及乐于学习他人工作方式的开放性。信任和尊重为灵活性奠定了基础，使团队在追求共同目标的过程中无须墨守成规，而是可以根据具体需求灵活采取行动。

ISS项目中的部分合作属于互惠技术交换。俄罗斯的宇航服上没有照明灯，宇航员夜间无法在空间站外工作，之后俄罗斯人调整了宇航服以便安装美国制造的照明灯。美国人则调整了自己的头盔摄像机以适配俄罗斯制造的宇航服。此外，俄罗斯的捆绑线被其他机组成员广泛用来固定线缆。"双方都进行了大量的学习，"格斯滕梅尔说，"我认为这代表了未来的潮流。"[17]

格斯滕梅尔相信，一起工作对于跨文化知识转移尤为重要。

各方的文化是如此不同，如果我交给他们一份报告，那么他们不会用我的文化思维来理解这份报告。但是在目睹实际工作时，你是通过自己的文化视角和活动来审视它的，因此调整和吸收过程会更加快速。在多样化的文化环境中，相比证明某概念或某设备可行性的学术资料，展示这种能力更加有效。

卡迪·科尔曼指出，参与空间站运营工作的人员很多，ISS机组只是冰山一角。各方的地面工作人员在持续监控、支持和指导着空间站上的活动，他们也在体验国际合作的效果和效益。2009年，在停留空间站期间，NASA宇航员妮科尔·斯托特（Nicole Stott）参与了日本货运飞船与ISS的首次成功对接。后来，在访问日本期间，她参观了日本空间站任务控制中心。她一走进房间，所有人都起立向她鞠躬，表达对她所做工作的感激之情。这是一个令人难忘的时刻，代表了国际友情和感恩。[18]

成功协作往往仰赖参与者之间的非正式人际关系。科尔曼讲述了20世纪90年代末她与俄罗斯人之间的一次互动：她被委派去与俄罗斯人协商在俄罗斯舱段的设备上添加英文标签，以免其他机构的成员搞不清楚设备的功能。她最初的请求是在机组人员将会接触的所有设备上添加英文标签，但遭到了拒绝。于是她询问能否在机组"经常"接触的设备上添加英文标签，结果这个请求也被拒绝了。当她建议只在机组将来必须更换或维护的设备上加标签时，她同样遭到了拒绝。俄罗斯人态度坚决："任何东西都不需要更换。"他们的拒绝似乎没有商量的余地，但是当科尔曼在吸烟时间（她虽然不吸烟，但是不放过宝贵的非正式交谈机会）跟同一批人聊这个问题时，结果却截然不同。当她问为什么不想给设备加标签时，他们解释说："面板已经做好了，刻的是俄文。"当她建议使用英俄双语的覆盖式标签时，他们说做不了覆盖式标签。在之前更正式的商谈中，俄罗斯方是不可能承认预算或能力有限的。科尔曼在了解到问题的真正所在后，向他们保证NASA负责制作覆盖式标签，于是问题得以解决。

在讨论另一个问题，即空间站风扇和泵噪音过大的问题时，科尔曼再次强调了非正式人际关系的重要性："这需要声学专家和俄罗斯专家开展合作，还需要培养个人情感联结，让对方知道'我懂你，我们一起来干这件事'。共进晚餐以及记住某人家里有孙辈，可以帮助建立这样的情感联结。"

## 应对意外挑战

任何持续时间很长的项目都会遭遇意外挑战,也许还会邂逅预期之外的机遇。由于不可能为任何偶发事件做好计划,因此以全新方式应对全新情况的自主权至关重要。如前文所述,这一灵活性有两个来源:一是不要僵化地严守束缚新举措的程序和规章;二是建立牢固的工作关系,鼓励互帮互助,相信合作伙伴能够采取负责任的行动。这一优势让ISS项目在诸多方面受益良多。

2003年的哥伦比亚号事故让美国航天飞机计划被暂时搁置,NASA需要花时间来研究事故原因并制定战略,以免类似问题再次发生。直到2005年,航天飞机计划才得以重新启动。在此期间,俄罗斯的联盟号是前往空间站的唯一航天器。由于美国人和俄罗斯人长久以来已经建立起良好的关系,应对这一意外变化的措施进展得十分顺利。"在哥伦比亚号失事前,我们和俄罗斯人已经有了将近10年的合作经历。当哥伦比亚号事故发生后,我们需要常规使用联盟号。"格斯滕梅尔说,"但是,我们如果没有在危机发生前通过更低层面的无风险互动建立起信任,就不可能在需要时立即实现这样的依赖和互动。你几乎需要精心筹划和培养合作关系,才能学会信任对方并赢得对方的信任。"[19]

## 持续效益

我们很难准确预测ISS的实际使用寿命，过时的技术意味着空间站不可能无限期运行，但是决定何时停止运行既是一个技术问题，也是一个政治问题。目前，关于这一问题的讨论尚无定论，不过ISS很可能至少会运行到21世纪20年代中期，继续服务于宝贵的科研工作，继续增强合作伙伴之间的联系。

在接下来的几年里，甚至在ISS停止运行后的岁月里，已有的合作关系将会继续发挥重要作用。正如前期的协作使得空间站合作成为可能一样，数十年的空间站相关联合工作，为其他国际性努力奠定了基础。鉴于太空探索的巨额支出和技术需求的广度，未来的宏伟探索计划一定还会是国际性的。ISS项目中的一些研究结果——特别是怎样在长时间微重力环境下维持宇航员的骨骼健康和体力——对人类对地球轨道外太空的探索是至关重要的。国际宇宙航行联合会（International Astronautical Federation）下属的IPMC（International Project/Programme Management Committee，国际项目/方案管理委员会）成立于2010年，如果没有ISS项目，它就不会被创立。ISS项目为IPMC的成立提供了人脉，并为它证明了国际合作的可能性。在NASA项目学院的协助下，IPMC支持创办了国际项目管理课程，把各参与方的工程师召集在一起共同学习并建立友谊。[20]

ISS项目的另一个效益是，它是新一代专业人才的培训基地。他们在这里向创始人学习，然后做出自己的贡献。虽然NASA一直在努力创新，但成功的创新总是植根于过去所获得、保留和交流的知识。

# 经验教训：成功之路没有捷径

ISS为其他复杂项目的规划者和建设者提供了经验教训。虽然这些经验教训非常明确，也十分重要，但是由于普遍存在追求速度和效率的压力，以及组织不愿意投资软技能的状况，这些经验教训很难得到执行。成功可能就在于克服这一阻力。

第一，投入时间和精力使参与者之间建立信任和理解。迫于压力需要尽快完成工作的组织，很容易跳过这个重要环节。没有进行规划、协商和关系培养，快马加鞭赶工作只会摔得很惨。

第二，雇用具备人际技巧的员工。许多优秀工作是通过非正式关系网络达成的，即所谓的社会性资本。ISS项目中有许许多多这样的事例，问题的解决和协议的达成仰赖参与者之间的人际关系，而这一关系是参与者在向着共同目标奋斗的过程中培养起来的。这一过程还表明，具备达成协议所需人际技巧的员工十分重要，缺乏此类人才对项目造成的破坏，至少会跟缺少必要的技术同样严重。

第三，面对面沟通很重要。分布式工作的协调配合在很大程度上是利用当今日益复杂且可靠的协作工具来远程实现的。但是，复杂项目的关键方面需要大量深入对话、微妙理解以及信任，这些只有员工在工作中以及在社会环境下面对面沟通才有可能实现。艰难的谈判、关键的决策、危机的应对、模糊信息的分析，都需要面对面沟通。ISS项目已反复证明了一同工作的好处，CERN的高能物理实验提供了类似例子。CERN也在开展雄心勃勃的长期创新项目。CERN的很大一部分协作是通过虚拟方式进行的，但是当遇到重要谈判和规划问题，以及评估复杂结果时，科学家和工程师总是毫无例外地见面商谈。

第四，尽早让各方都参与进来。要想达成共识和共同承诺，一部分工作是从一开始就请各方都坐到桌前来，就项目规划和发展发表意见。早期参与有助于各方培养主人翁责任感和承诺感。如果把计划作为既定事实和需要执行的命令呈现给合作方，就很难实现这一点了。

第五，预留灵活性。ISS项目还揭示了灵活性在谈判、规划和运营中的重要性。任何周期较长的项目都会遭遇因严守僵化规则而无法应对挑战和无法把握机遇的问题，员工需要有充分的自主权去处理意外情况。

灵活性还为各个团队预留了为项目做出独特贡献的空间。把来自多元文化的参与者召集在一起，好处之一就是有机会利用他们的不同技能和视角。这种多样性丰富了项目解决问题的方式，文化多样性可以转化为资产。过于强调控制和标准化会扼杀创造力。

第六，专注于目的。投入时间，确保所有参与者都理解工作的目的，并且共同致力于实现这一目标。在项目进行过程中始终保持共同目标的可见度，有助于解决可能出现的争端和难题。

以上经验教训大都指向同一个重要的真理：建立人际关系、理解和承诺不是一次性任务，而是贯穿整个项目周期且始终至关重要的任务。

# 第7章 展望未来：关键任务建议

对于人类的大脑而言，没有什么比突如其来的剧变更痛苦的了。

——玛丽·雪莱（Mary Shelley），《弗兰肯斯坦》（*Frankenstein*）

爱德华小时候住在布鲁克林，那时学校每年都去海边举行班级旅行。在学会游泳之前，他觉得海洋的力量令人生畏，他害怕这类旅行。但是有一件事他一直都记得，那就是有关万一遇到激潮该如何应对的实用建议：不要对抗它，沿着海岸线向前游，直到摆脱激潮为止。几十年后，他真的在汉普顿斯遇到了激潮，他的脑海里立即浮现这个建议。最初的恐慌过后，他顺着水流向前漂，而不是对抗它的力量。最终他在距离起点一英里外的海滩上了岸，精疲力竭，他非常感激这个知识救了自己一命。

许多专业人员都能理解顺着激潮向前游这个比喻。我们所生活的时代，以极度不确定性为特征。英国知名经济学家约翰·凯

（John Kay）和英国人文社会科学院院士默文·金（Mervyn King）把极度不确定性定义为"处于不可能和无法想象世界之间的那些无数可能性"。[1]本书著于2020年年末，正值新冠肺炎疫情防控期间，疫情以始料未及的方式颠覆了以往的世界。这场疫情只是最新近、最有力的提醒，告诉人们，极度不确定性要求新的思维方式。

## 湍流和风险

当世界充满极度不确定性时，项目面临的最大风险是社会、政治和经济风险。从英国脱欧到新冠肺炎疫情暴发，种种事件揭示了全球供应链的脆弱性，让人们看到了板块碰撞处断层线上的裂缝。如果某个项目类似ISS，其设计、建设和运营要求持续的国际合作，那么当民族主义等力量作梗，使得竞争与合作并存的国家之间的关系紧张起来时，完成这类项目会更加困难。新冠肺炎疫情使人们转向远程和虚拟办公，这对项目团队共同工作和学习的方式产生了广泛影响。以上只是摆在项目面前的几个政治、社会和经济风险。唯一可以确定的是，未来还会有更多风险。

技术加强了世界的极度不确定性，因为飞速的变化使我们几乎无法预见哪种趋势的上升速度最快。2020年意外走红的远程和虚拟办公，催生了对安全可靠的通信工具的需求，且规模是从前无法想象的。基于项目工作的最新趋势，我们有理由预测，人工智能和机器学习将会应用于日益复杂的模式识别任务，机器人将会更多地接手对体力要求高、危险或重复性高的工作。技术带来了新的风险，也引发了伦理和认知上的担忧，需要我们透过人文主义视角加以审视。

我们不是未来学家，而社会风险和政治风险变幻莫测，这让我们不敢贸然预测未来两年或五年的世界状况。[想一想，在特朗普（Trump）和拜登（Biden）各自成功当选前的竞选初期，有多少政治分析专家都低估了他们。[2]]但我们确信的是，前景的极度不确定性，一定会对知识和领导力产生重要影响。

## 知识

极度不确定性导致的结果之一是认知不确定性。所有知识都有时效性，20世纪初的物理学家几乎无法想象，经典力学定律不适用于量子层级。今天有效的东西，明天不一定仍然有效。随着变化速度的加快，这一点尤其正确。

## 追求速度

变化速度越快，应对变化的思维速度也要越快，基于两者之间的关系，我们是否可以依赖充斥着认知偏差的启发式思维（见图7-1）。人的决策速度和其对心理捷径的使用有直接关联，而心理捷径将会带来可预测的错误。节奏越快，人们越容易依赖能够减少摩擦的熟悉模式。轻松回忆起来的信息不一定总是最相关的信息，降低问题复杂度的思维方式可能产生过于简单的结论。我们不能指望惯常"嫌疑犯"摆脱他们的思维习惯。要想避开快速思考的陷阱，唯一的答案是慢速思考。不暂停脚步询问是否存在认知偏差、风险或误导信息的决策者，定会"大祸临头"。

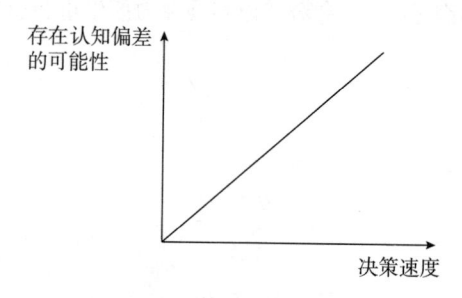

图7-1 启发式思维模型

让时钟停止不总是可行的，但我们的经验是，主观感知的速度决定着决策的实际情况。2003年，一个合同商团队每周工作六天，忙碌着NASA的气象卫星项目。一次挪动卫星时，他们未能用正确数量的螺栓把卫星固定在拖车上,从而导致了一场维修费用高达1.35亿美元的事故。[3]其实这个项目在数年内并没有发射计划,团队根本不需要加班。他们追求的是速度本身,所以没有提出那个显然的问题——我们做事情的方式正确吗?更不用说学习型组织应该常规提出的问题了——我们做的事情是正确的吗?鉴于世界的极度不确定性,花时间提出第二个问题变得更加重要了。

## 学习和去学习化

未来所需知识的不确定性意味着,对于所有职业层级的项目专业人员而言,持续学习如今已成为关乎成败的命题。流程、业务模型和产品线的数字化改革,不仅要求更高的技术能力,而且对变革管理能力提出了更高的要求。人工智能不会取代管理人员,但是使用人工智能的管理人员将会取代不使用人工智能的管理人员。[4]在数字化转型中,除了需要填补技术空白,人类对动力的要求更高:去学习化,抛弃仅在过去有效的东西,进行新的实验,以期实现新的突破。[5]

跟上技术的脚步只是入场券,更长期的挑战是阅读、倾听和接触各种各样的话题,以便能够广泛而全面地思考问题。正如STEM教育(这四个字母分别代表科学、技术、工程和数学)已经转向STEAM教育（字母A代表艺术），多学科学习在整个职业生涯中的价值开始得到应有的认可。更广阔的视角能够让从业人员避免依赖已经失去效力的旧思维模式。[6]

这听起来好像是在待办事项里又加了一项，只会使人们更焦虑，但事实并非如此。缓解工作压力的相关研究表明，学习不仅能够降低忧郁和焦虑水平，还是培养韧性的有力工具。创造新知识能够帮助人们更好地应对挑战、威胁和变革。[7]

团队和组织同样需要更新知识。随着项目复杂程度的增加，为了寻求新创意，可以把兼容并包作为团队和组织的预定战略。第五章提到的Netflix公司挑战赛就是一个广撒网的例子。不过，兼容并包也可以从内部开始。心理安全感让团队成员无拘无束地分享想法，不用担心被怪罪。凝聚力固然重要，但是随着团队内部关系的密切，成员要找到自己的工作节奏，还需要注意防范排外文化。排外文化传递的信息是，团队既不需要也不欢迎外部思想。正如NASA在挑战者号事故中发现的那样，这是通往傲慢和失败的道路。

## 判断力和伦理

计算机处理数字的速度比任何人都要快，但是它不能提出或回答这样的问题：这些数字正确吗？回答这一问题需要运用判断力,判断力包括理解上下文、分辨信号与噪音、权衡伦理问题,以及运用情商等。[8]这些都是非常重要的能力,但是教育或培训却极少关注怎样培养和运用这些技能。

随着人工智能和机器学习越来越多地融入项目工作,随之而来的风险还有待显现。人工智能能够伪造一切,从人像到新闻故事,这方面的技术日益精湛。机器学习可能会因为数据偏差、算法错误、合并算法错误而生成有偏差的结果。解决上述问题以及其他意外挑战的工作,将会落在接受过全面技术培训以及伦理培训的人员身上。评估机器的工作质量和价值,需要更加敏锐的判断力,而培养这一判断力需要新的知识。

在撰写本书期间,谷歌已经制订了低成本的认证计划,为信息技术人员提供高度可转移的技能,教授当前最常用的计算机语言。[9]乍一看,这个计划好像非常美好,有助于在这个高度不公平的社会里打造一个公平的竞争环境,但这很快引发了这家市值万亿美元的科技公司的教育优先问题。它会传授哪些伦理和社会责任内容?课程表里可有判断力和语境思维的一席之地?由拥有世界最强算法的私营企业所培训出来的、为其服务的劳动力,会怎样学习制定决策?毕竟他们的决策将会影响亿万民众。

# 领导力

如何在极度不确定的环境中担任领导？领导者被期待具备定义现实和调动资源的能力。[10]这一命题的前半部分就困难重重：现实是短暂易变的、碎片式的。

虽然技术的诱惑力很大，但是试图通过更高保真度的数据图像来表示现实，等同于想把闪电捕捉进瓶子里。访问关键实时数据至关重要，但是如果把精选数据误当作现实，则犯了张冠李戴的错误。在极度不确定的环境中领导组织前行，与在恶劣天气中驾驶飞机并不是一回事，我们不可能在99.9%的时间里都依赖仪器让飞机在跑道中央着陆。

除了试图通过技术来定义现实，还有另一种选择：放弃控制模式。雇用你信任的人，给他们决策权，使其能够在本地层级完成工作。为他们提供所需的学习和知识基础设施，集中关注无形资产，比如团队合作、协作和文化。让他们去感知并应对遇到的各种现实情况，透明地沟通，对结果负责。

极度不确定并不意味着战略没有了用武之地。在定义现实这一工作中，领导者应该负责的部分是降低政治和社会风险，这类风险在地理上可能是分布不均的。以今天的美国为例，1996年《通信规范法》（Communications Decency Act）的第230条是让部分世界最大的科技公司都深感棘手的政治问题。目前，第230条可以保护拥有社交媒体平台的公司，使其免于对用户在其网站上发布的内容承担法律责任，即使用户发布的是误导或虚假信息。这一条款一旦变动，可能会对YouTube、Facebook、Twitter等社交媒体公司的在美业务产生巨大影响。想一想，如果把同样的挑战放在一百个或更多个法律和监管框架各不相同的国家，情况将会如何？这样一想，战略视角的必要性就不言而喻了。同样，新冠肺炎疫情揭示了工人健康对全球供应链构成的风险。理解和驾驭这类风险，只能在宏观层面进行。

虽然许多人共同承担着相关技术判断力方面的责任，但最终的责任落在领导者身上。有一点似乎很明确：需要技术性解决方案的问题，将会越来越多地交由机器解决。但是随着技术的蓬勃发展，伦理问题和认识论问题只会更加棘手，而"我们是否在做正确的事情"这类根本性问题将会变得更加重要。人工智能和机器学习将会更多地接手一些曾被认为是技术专家专属领域的任务（不信你随便问一位放射科医师），但是团队合作、协作和组织文化所必然涉及的社会性问题，终归要依靠人来解决。

本书从始至终都在强调的主题是：对于组织、利益相关者和社会而言，关注项目中人的维度，投资回报潜力最大。正如前言中所说，项目的运行以技术性、组织性和政治性知识为基础。团队运行于组织中，组织使用官僚手段（比如管理）和无形资产

（比如文化、共同使命感、共同目的等）来赋权或束缚团队。当遇到未能或无法预料的挑战时，团队会经历探索、失败、应变，然后凭借创新策略克服挑战，从而实现学习。唯一的学习方式是：一起学习。知识并非始于信息，知识始于人。

# 注释

## 前言

1. Arie de Geus, "Planning as Learning," *Harvard Business Review* 66, no.2（March–April 1988）: 70–74, https://hbr.org/1988/03/planning-as-learning.

2. Rick Waghorn, "Distance Learning," *Project*（February 2009）, 12–14, https://www.nasa.gov/pdf/321075main_Project_Magazine_excerpt.pdf.

## 第1章 知识

1. 在供职NASA期间，爱德华领导的NASA项目学院经历了一系列演化过程，名称各不相同。为简便起见，本书将其统称为

"NASA 项目学院"。

2. 2020年12月20日，小原直树与劳伦斯的电子邮件。

3. Robert Gibbons and Laurence Prusak, "Knowledge, Stories, and Culture in Organizations," *AEA Papers and Proceedings* 110（2020）: 187–192, https://doi.org/10.1257/pandp.20201091.

4. 作者于2020年12月24日对H. E. 萨娜·穆罕默德·苏海勒（H. E. Sana Mohamad Suhail）的采访。

5. NASA Academy of Program/Project & Engineering Leadership, "Collaborative Problem-Solving: The STS-119 Flow Control Valve Issue," NASA, April 2013, https://appel.nasa.gov/wp-content/uploads/2013/04/468375main_STS-119_flow_control_valve.pdf.

6. Gabriel Szulanski, *Sticky Knowledge: Barriers to Knowing in the Firm*（London: SAGE Publications, 2003）, 2.

7. 作者于2020年8月23日对雷·瑞安的采访。

8. Ikujiro Nonaka and Noboru Konno, "The Concept of '*Ba*': Building a Foundation for Knowledge Creation," *California Management Review* 40, no. 3（Spring 1988）: 40–54, https://home.business.utah.edu/actme/7410/Nonaka%201998.pdf.

9. "Novartis Campus 2010," *Architecture and Urbanism*（November 2010）, https://au-magazine.com/shop/architecture-and-

urbanism/au-201011/.

10. Steven Levy, "Apple's New Campus: An Exclusive Look Inside the Mothership," *Wired*, May 16, 2017, https://www.wired.com/2017/05/apple-park-new-silicon-valley-campus/.

11. Gretchen Gavett, "Think Carefully about Where You Put the Office Bathroom," *Harvard Business Review* (July 2013), https://hbr.org/2013/07/think-carefully-about-where-yo.

12. Ethan S. Bernstein and Stephen Turban, "The Impact of the 'Open' Workspace on Human Collaboration," *Philosophical Transactions of the Royal Society B* (July 2, 2018), https://doi.org/10.1098/rstb.2017.0239. For more on this, see also Libby Sander, "A New Study Should Be the Final Nail for Open-Plan Offices," *The Conversation*, July 17, 2018, https://theconversation.com/a-new-study-should-be-the-final-nail-for-open-plan-offices-99756; and Sunanda Creagh, "Open Plan Offices Attract Highest Levels of Worker Dissatisfaction: Study," *The Conversation*, September 16, 2013, https://theconversation.com/open-plan-offices-attract-highest-levels-of-worker-dissatisfaction-study-18246.

13. Thomas H. Davenport and Laurence Prusak, *Working Knowledge: How Organizations Manage What They Know* (Boston: Harvard Business School Press, 1998), 7; Richard F. Meyer,

Michael G. Rukstad, Peter J. Coughlan, and Stephan A. Jansen, "DaimlerChrysler Post-Merger Integration," Case, Harvard Business Publishing, last revised December 1, 2005, https://hbsp.harvard.edu/product/703417-PDF-ENG.

14. David J. Teece, Gary Pisano, and Amy Shuen, "Dynamic Capabilities and Strategic Management," *Strategic Management Journal* 18, no. 7 (August 1997): 509–533.

15. 罗伯特·吉本斯与劳伦斯在2020年12月20日的通信。

16. John Maynard Keynes, *The General Theory of Employment, Interest and Money* (1936; repr., London: Palgrave Macmillan, 2018).

17. Al Jacobson and Laurence Prusak, "The Cost of Knowledge," *Harvard Business Review* 84, no.11 (November 2006), https://hbr.org/2006/11/the-cost-of-knowledge.

18. Thomas H. Davenport, R. G. Eccles, and Laurence Prusak, "Information Politics," *Sloan Management Review* 34, no. 1(1992): 53–65.

19. NASA Academy of Program/Project & Engineering Leadership, "Young Professionals Brief: The Next Generation on Knowledge," *ASK the Academy* 6, no. 1 (January 31, 2013), https://appel.nasa.gov/2013/01/31/6-1_yp_nextgen_knowledge-html/.

# 第2章 学习

1. 有关NASA的"更快、更好、更便宜"理论,参见Howard E. McCurdy, *Faster, Better, Cheaper: Low-Cost Innovation in the U.S. Space Program*（Baltimore, MD: Johns Hopkins Press, 2001）。

2. 爱德华于1984年首次在NASA提出这个学习模型,该模型是在戴维·A. 科尔布（David A. Kolb）的相关研究基础之上构建的,参见 David A. Kolb, *Experiential Learning: Experience as the Source of Learning and Development*（Englewood Cliffs, NJ: Prentice-Hall, 1984）。

3. Education Development Center, *The Teaching Firm: Where Productive Work and Learning Converge. Report on Research Findings and Implications*（Newton, MA: Education Development Center, 1998）, 9, https://files.eric.ed.gov/fulltext/ED461754.pdf.

4. Katie Smith Milway and Amy Saxton, "The Challenge of Organizational Learning," *Stanford Social Innovation Review* 9, no. 3（Summer 2011）: 44–49.

5. Chipotle公司的员工再培训不止一次。参见Elizabeth Chuck, "Chipotle to Close All Stores on Feb. 8 for Food Safety Meeting," *NBC News*, January 15, 2016, https://www.nbcnews.

com/business/business-news/chitpotle-close-all-stores-feb-8-food-safety-meeting-n497326; and Scott Neuman, "Chipotle to Retrain Employees after Latest Outbreak of Food Poisoning," *NPR*, August 17, 2018, https://www.npr.org/2018/08/17/639465193/chipotle-to-retrain-employees-after-latest-outbreak-of-food-poisoning.Bill Chappell, "Starbucks Closes More Than 8,000 Stores Today for Racial Bias Training," *NPR*, May 29, 2018, https://www.npr.org/sections/thetwo-way/2018/05/29/615119351/starbucks-closes-more-than-8-000-stores-today-for-racial-bias-training.

6. Columbia Accident Investigation Board, *Report of Columbia Accident Investigation Board*, *Volume I* (Washington, DC: US Government Printing Office, 2003), 200, https://www.nasa.gov/columbia/home/CAIB_Vol1.html.

7. Matthew Parsons, *Effective Knowledge Management of Law Firms* (New York: Oxford University Press, 2004), 16.

8. 作者于2020年8月23日对雷·瑞安的采访。

9. Katrina Pugh and Laurence Prusak, "Designing Effective Knowledge Networks," *Sloan Management Review* 55, no. 1 (Fall 2013): 79–88.

10. Tom Peters, *The Tom Peters Seminar: Crazy Times Call for Crazy Organizations* (New York: Vintage Books, 1994), 171.

11. Michael Trucano, "Running Your Own FAILfaire," World Bank, *EduTech blog*, November 17, 2011, https://blogs.worldbank.org/edutech/failfaire-internal.

12. Ronald Bledlow, Bernd Carette, Jana Kuehnel, and Daniela Pittig, "Learning from Others' Failures: The Effectiveness of Failure Stories for Managerial Learning," *Academy of Management Learning and Education* 16, no. 1（2017）: 40, Research Collection Lee Kong Chian School of Business, https://ink.library.smu.edu.sg/lkcsb_research_all /16.

13. 作者于2020年11月16日对巴里·奥赖利（Barry O'Reilly）的采访。

14. 对埃德加·沙因的采访简洁地概括了这一要点，参见Diane L. Coutu, "Edgar Schein: The Anxiety of Learning—the Darker Side of Organizational Learning," *Harvard Business School Working Knowledge*, April 15, 2002, https://hbswk.hbs.edu/archive/edgar-schein-the-anxiety-of-learning-the-darker-side-of-organizational-learning。

15. 关于摩擦项目的描述参见https://www.bobsutton.net/friction-project/, accessed October 7, 2021。

16. Julie Makinen, "AstraZeneca: Scaling Simplification," Case HR-45, Stanford Graduate School of Business, January 15,

2018, https://stanford.edu/dept/gsb-ds/Inkling/astra.html.

17. Nancy Dixon, *Common Knowledge: How Companies Thrive by Sharing What They Know*（Boston: Harvard Business School Press, 2000）.

18. James Somers, "The Engineers Taking on the Ventilator Shortage," *New Yorker*, May 11, 2020, https://www.newyorker.com/magazine/2020/05/18/the-engineers-taking-on-the-ventilator-shortage.

19. VITAL呼吸机项目相关引用，全部来自作者于2020年12月30日对VITAL项目团队成员的书面采访。VITAL项目相关采访参见Taylor Hill, "How Engineers at NASA JPL Persevered to Develop a Ventilator," JPL, May 14, 2020, https://www.jpl.nasa.gov/news/news.php?feature=7661。

20. Amy C. Edmondson, Richard M. J. Bohmer, and Gary P. Pisano, "Speeding Up Team Learning," *Harvard Business Review* 79, no. 9（October 2001）: 125-134, https://hbr.org/2001/10/speeding-up-team-learning.

21. Charles Duhigg, "What Google Learned from Its Quest to Build the Perfect Team," *New York Times Magazine*, February 25, 2016, MM20.

22. Chris Argyris, "Teaching Smart People How to Learn,"

*Harvard Business Review*（May–June 1991）: 99–109.

23. 同本章注释8。

24. James G. March, *The Ambiguities of Experience*（Ithaca, NY: Cornell University Press, 2010）, 115.

25. 爱德华、马修、马丁利和克劳斯在2009年3月的私人谈话。

26. 美国前劳工部长罗伯特·莱克（Robert Reich）发明了"符号分析师"（symbolic analysts）一词，参见 *Work of Nations: Preparing Ourselves for 21st-Century Capitalism*（New York: Random House, 1991）。

27. 有关NASA项目学院HOPE项目的更多内容，参见 https://appel.nasa.gov/tag/project-hope/。

28. Reid Hoffman, Ben Casnocha, and Chris Yeh, *The Alliance: Managing Talent in the Networked Age*（Boston: Harvard Business Review Press, 2014）, chap. 2, Kindle.

29. Lynn Crawford, "Beyond Competence: Developing Managers of Complex Projects," in *Proceedings of AIPM National Conference*（Sydney: Australian Institute of Project Management, October 2010）, 6.

30. NASA Academy of Program/Project & Engineering Leadership, "The Space to Collaborate, the Space to Share," *ASK the Academy* 5, no. 3（March 6, 2012）, https://appel.nasa.gov/2012/03/26/5-3_

space_collaborate –html/.

# 第 3 章　故事

1. 罗杰·博伊斯乔利在 1985 年 7 月 31 日写给莫顿·塞奥科公司副总裁罗伯特·K. 伦德的备注，参见 https://catalog.archives.gov/id/596263。

2. M. Mitchell Waldrop, "NASA Responds to the Rogers Commission," *Science* 233, no. 4763（August 1986）: 512–513.

3. Presidential Commission on the Space Shuttle Challenger Accident, *Report to the President*（Washington, DC: US Government Printing Office, 1986）, https://sma.nasa.gov/SignificantIncidents/assets/rogers_commission_report .pdf.

4. WJXT Films, "Challenger: A Rush to Launch," interview with Allan McDonald, 13:34–18:36, YouTube, January 28, 2016, https://www.youtube.com/watch?v=2FehGJQlOf0 &t=3s.

5. "NASA Major Launch Record," NASA History Office, https://history.nasa.gov/pocketstats/sect%20B /MLR.pdf, accessed October 7, 2021.

6. 有关从阿波罗时代到国际空间站时代的NASA文化变化，参见Howard E. McCurdy, *Inside NASA: High Technology and Organizational Change in the US Space Program* (Baltimore, MD: Johns Hopkins Press, 1993), chapters 4–5。

7. Olivia B. Waxman, "They Were at Mission Control During Apollo 11. 50 Years Later, the Memory Still Moves Them to Tears," *TIME*, July 16, 2019, https://time.com/5623799/apollo-11-mission-control/.

8. George M. Low, introduction to *What Made Apollo a Success?*, NASA SP-287, last revised February 3, 2010, http://klabs.org/history/reports/sp287/ch1.htm.

9. "NASA Civil Service Workforce Employment Trend," NASA History Office, https://history.nasa.gov/pocketstats/sect%20D/CS%20Trend.pdf, accessed October 7, 2021.

10. Arnold S. Levine, *Managing NASA in the Apollo Era*, NASA SP-1402 (Washington, DC: US Government Printing Office, 1982), 136, https://history.nasa.gov/SP-4102.pdf.

11. "Nasa Budgets: US Spending on Space Travel Since 1958 UPDATED," *Guardian DataBlog*, https://www.theguardian.com/news/datablog/2010/feb/01/nasa-budgets-us-spending-space-travel, accessed October 7, 2021.

12. Edward W. Merrow, *Understanding the Outcomes of Megaprojects: A Quantitative Analysis of Very Large Civilian Projects*（Santa Monica, CA: RAND Corporation, 1988）, 62, www.rand.org/pubs/reports/2006/R3560.pdf.

13. Samuel C. Phillips, *Summary Report of the NASA Management Study Group: Recommendations to the Administrator*, National Academy of Public Administration, December 30, 1986, 5, https://ntrs.nasa.gov/search.jsp?R=20040071104.

14. Brian Boyd, *On the Origin of Stories: Evolution, Cognition, and Fiction*（Cambridge, MA: Belknap Press of Harvard University Press, 2009）, 176.

15. Jerome Bruner, "Two Modes of Thought," in *Actual Minds, Possible Worlds*（The Jerusalem-Harvard Lectures）, rev. ed.（Cambridge, MA: Harvard University Press, 1987）, 11–12.

16. 同上。

17. Jamil Zaki, interview by Dan Savage, *Ten Percent Happier* podcast, episode 298, November 9, 2020, audio, 43: 11.

18. Greg McKeown, *Essentialism: The Disciplined Pursuit of Less*（New York: Crown Business, 2014）, 13.

19. NASA Academy of Program/Project & Engineering Leadership, "ASK OCE Interview: Five Questions for Dr. Henry

Petroski," *ASK OCE* 1, no. 10（February 26, 2010）, https://appel.nasa.gov/2010/02/26/ao_1-10_f_interview-html/.

20. NASA Academy of Program/Project & Engineering Leadership, "Dennis McCarthy: The System Is Chicken," YouTube, December 1, 2010, https://www.youtube.com/watch?v=FYHwDNfyiTw.

21. Yannis Normand, "The History of the Case Study at Harvard Business School," Harvard Business School Online, *Business Insights Blog*, February 28, 2017, https://online.hbs.edu/blog/post/the-history-of-the-case-study-at-harvard-business-school.

22. Michelle Collins, "Mentors Come in All Shapes and Sizes," *ASK Magazine* 1, October 1, 2000, https://appel.nasa.gov/2000/10/01/mentors-come-in-all-shapes-and-sizes/.

23. U.S. General Accountability Office, *NASA: Better Mechanisms Needed for Sharing Lessons Learned*, GAO-02-195（Washington, DC: US General Accountability Office, 2002）, https://www.gao.gov/products/GAO-02-195.

24. 爱德华、马修和迈克·瑞斯科维奇在2010年5月的私人谈话。

25. NASA Academy of Program/Project & Engineering Leadership, "Collaborative Problem Solving: The STS-119 Flow

Control Valve Issue," NASA, April 2013, https://appel.nasa.gov/case-studies/sts-119-html/.

26. Craig Warren, "'It Reads Like a Novel': The 9/11 Commission Report and the American Reading Public," *Journal of American Studies* 41, no. 3（2007）: 533–556.

27. 美国国家情报委员会的"全球趋势"报告档案，参见 https://www.odni.gov/index.php/ncsc-how-we-work/207-about/organization/national-intelligence-council/771-national-intelligence-council-global-trends-archive。

28. Stephen Denning, *The Springboard: How Storytelling Ignites Action in Knowledge-Era Organizations*（Boston: Butterworth-Heinemann, 2001）.

29. Annette Simmons, *The Story Factor: Inspiration, Influence, and Persuasion Through the Art of Storytelling*（New York: Hachette Book Group, 2019）.

# 第4章 文化

1. Organization for Economic Cooperation and Development,

*How Was Life? Global Well-Being since 1820*, ed. Jan Luiten van Zanden, Joerg Baten, Marco Mira d' Ercole, Auke Rijpma, and Marcel P. Timmer（Paris：Organization for Economic Cooperation and Development, 2014）, 64, https://dx.doi.org/10.1787/9789264214262-en.

2. "2020 Best Places to Work in the Federal Government Rankings," Partnership for Public Service, https://bestplacestowork.org/rankings/overall/large, accessed October 8, 2020.

3. 作者于2020年8月23日对雷·瑞安的采访。

4. Joel Mokyr, *A Culture of Growth：The Origins of the Modern Economy*（Princeton, NJ：Princeton University Press, 2017）.

5. 同本章注释3。

6. "Netflix Culture," Netflix, https://jobs.netflix.com/culture, accessed October 8, 2021; emphasis in original.

7. Robert I. Sutton, *The No Asshole Rule：Building a Civilized Workplace and Surviving One That Isn't*（New York：Business Plus, 2007）.

8. Bob Sutton, "Please Help Me Update! Places and People that Use the No Asshole Rule," *Bob Sutton Work Matters* blog, February 8, 2012, https://bobsutton.typepad.com/my_weblog/2012/02/the_no_asshole_.html.

9. Don Cohen and Laurence Prusak, *In Good Company: How Social Capital Makes Organizations Work*（Boston：Harvard Business School Press，2001）.

10. Dustin Gohmert, "A New Astronaut Seat: Teamwork and Individual Initiative," *ASK Magazine* 31, June 1, 2008, https://appel.nasa.gov/2008/06/01/a-new-astronaut-seat-teamwork-and-individual-initiative/.

11. 更多有关社会性资本的信息，参见科恩和劳伦斯合著的《好公司》(*In Good Company*)一书。

12. 同本章注释6。

13. 更多有关实际运行方式的信息参见Justin Bariso, "Netflix's Unlimited Vacation Policy Took Years to Get Right. It's a Lesson in Emotional Intelligence," *Inc.*, September 14, 2020, https://www.inc.com/justin-bariso/netflixs-unlimited-vacation-policy-took-years-to-get-right-its-a-lesson-in-emotional-intelligence.html。

14. Nitin Nohria and Robert G. Eccles, "Face-to-Face: Making Network Organizations Work," in *Networks and Organizations: Structure, Form, and Action*, ed. Nitin Nohria and Robert G. Eccles（Boston, MA：Harvard Business School, 1992）, 288–308.

15. Joseph Berger, "Black Jeans Invade Big Blue; First Day of a Relaxed I.B.M.," *New York Times*, February 7, 1995, B1, https://

www.nytimes.com/1995/02/07/nyregion/black-jeans-invade-big-blue-first-day-of-a-relaxed-ibm.html.

16. Francis T. Hoban and Edward J. Hoffman, "An Overview of Training and Development Strategies for NASA Project Management," *PM Network* 6, no. 6 (1992): 44-49.

17. Diane Vaughan, *The Challenger Launch Decision: Risky Technology, Deviance, and Culture at NASA* (Chicago: University of Chicago Press, 1996), 62.

18. Columbia Accident Investigation Board, *Report of Columbia Accident Investigation Board, Volume I* (Washington, DC: US Government Printing Office, 2003), 130, https://www.nasa.gov/columbia/home/CAIB_Vol1.html.

# 第5章 团队

1. Greg R. Oldham and J. Richard Hackman, "Not What It Was and Not What It Will Be: The Future of Job Design Research," *Journal of Organizational Behavior* 3, no. 2-3 (2010): 463-479.

2. Alex "Sandy" Pentland, "The New Science of Building Great

Teams," *Harvard Business Review* 90（April 2012）: 60.

3. Denise A. Bonebright, "40 Years of Storming: A Historical Review of Tuckman's Model of Small Group Development," *Human Resource Development International* 13, no. 1（2010）: 111–120.

4. Will Schutz, "Beyond Firo-B—Three New Theory-Derived Measures—Element B: Behavior, Element F: Feelings, Element S: Self," *Psychological Reports* 70, no. 3（1992）: 915–937, https://doi.org/10.2466/pr0.1992.70.3.915.

5. David J. Teece, Gary Pisano, and Amy Shuen, "Dynamic Capabilities and Strategic Management," *Strategic Management Journal* 18, no. 7（August 1997）: 509–533.

6. Jean-François Harvey, Henrik Bresman, Amy C. Edmondson, and Gary P. Pisano, "Team Learning and Superior Firm Performance: A Meso-Level Perspective on Dynamic Capabilities," Working Paper No.19-059, Harvard Business School, Boston, December 2018, revised January 2020.

7. Jeff Gothelf and Josh Seiden, *Sense and Respond: How Successful Organizations Listen to Customers and Create New Products Continuously*（Boston: Harvard Business Review Press, 2017）.

8. 同本章注释5。

9. NASA Safety Center & Office of the Chief Knowledge Officer, Goddard Space Flight Center, "STEREO: Organizational Cultures in Conflict," *Selected NASA Case Studies* (February 2009): 14–23, https://www.nasa.gov/centers/goddard/pdf/452484main_Case_Study_Magazine .pdf.

10. Charles J. Pellerin, *How NASA Builds Teams: Mission Critical Soft Skills for Scientists, Engineers, and Project Teams* (Hoboken, NJ: John Wiley & Sons, 2009), 54. This book offers an in-depth explanation of how leaders have used 4-D to conduct team interventions for NASA.

11. Terry Little, "The Goal," in *Project Management Success Stories: Lessons of Project Leaders*, ed. Alexander Laufer and Edward J. Hoffman (New York: Wiley, 2000), 120–121.

12. Karl E. Weick, *Sensemaking in Organizations* (Thousand Oaks, CA: SAGE Publications, 1995).

13. 作者于2020年8月23日对雷·瑞安的采访。

14. Connie Gersick, "Time and Transition in Work Teams: Toward a New Model of Group Development," *Academy of Management Journal* 31 (October 1988): 9–41.

15. "Nourish (*v.*)," *Merriam-Webster*, https://www.merriam-webster.com/dictionary/nourish, accessed September 30, 2021.

16. Charles Duhigg, "What Google Learned from Its Quest to Build the Perfect Team," *New York Times Magazine*, February 25, 2016, MM20.

17. Anita Woolley, Thomas W. Malone, and Christopher F. Chabris, "Why Some Teams Are Smarter than Others," *New York Times*, January 16, 2015, SR5, https://www.nytimes.com/2015/01/18/opinion/sunday/why-some-teams-are-smarter-than-others.html?.

18. Anita Woolley and Thomas W. Malone, "Defend Your Research: What Makes a Team Smarter? More Women," *Harvard Business Review* 89, no. 6（June 2011）: 32–33, http://hbr.org/2011/06/defend-your-research-what-makes-a-team-smarter-more-women/ar/1.

19. 作者于2020年11月25日对格雷格·罗宾逊的采访。

20. 作者于2020年10月30日对VITAL团队成员的采访，本节所有VITAL相关引文均摘自该访谈。

21. Scott E. Page, *The Diversity Bonus: How Great Teams Pay Off in the Knowledge Economy*（Princeton, NJ: Princeton University Press, 2017）, 27.

22. 同上。

23. 同本章注释13。

24. Katherine W. Phillips, "What Is the Real Value of Diversity in Organizations? Questions Our Assumptions," in *The Diversity Bonus*, by Scott E. Page（Princeton, NJ：Princeton University Press, 2017）, 229.

25. Jerry Madden, "What a Little Barbecue Sauce Can Do," in *Project Management Success Stories：Lessons of Project Leaders*, ed. Alexander Laufer and Edward J. Hoffman（New York：Wiley, 2000）, 177–178.

26. 同本章注释20。

27. 作者于2020年11月9日对彼得·特梅斯的采访。

28. National Aeronautics and Space Administration, *International Space Station（ISS）EVA Suit Water Intrusion：High Visibility Close Call*, NASA, IRIS Case Number：S-2013-199-00005, December 20, 2013, https://www.nasa.gov/sites/default/files/files/Suit_Water_Intrusion_Mishap_Investigation_Report.pdf.

29. NASA Academy of Program/Project & Engineering Leadership, "Redesigning the Cosmic Background Explorer," NASA, January 2009, https://www.nasa.gov/pdf/384131main_COBE_case_study.pdf.

30. Kathryn B. McEwen and Carolyn M. Boyd, "A Measure of Team Resilience：Developing the Resilience at Work Team Scale,"

*Journal of Occupational and Environmental Medicine* 60, no. 3（2018）: 258–272, https://doi.org/10.1097/JOM.0000000000001223.

31. Carol S. Dweck, *Mindset: The New Psychology of Success*（New York: Ballantine Books, 2006）.

32. Sherin Shibu and Shana Lebowitz, "Microsoft Is Rolling Out a New Management Framework to Its Leaders. It Centers around a Psychological Insight Called Growth Mindset," *Business Insider*, November 11, 2019, https://www.businessinsider.com/microsoft-is-using-growth-mindset-to-power-management-strategy-2019-11. See also Robert Martin, "Resilience Message: Change Your Mindset, Change Your World," US Army War College Archives, August 23, 2016, https://www.armywarcollege.edu/news/Archives/12534.pdf.

33. 作者于2020年11月6日对伊恩·汉密尔顿的采访。

34. Martin E. P. Seligman, *Flourish: A Visionary New Understanding of Happiness and Well-Being*（New York: Free Press, 2011）.

# 第6章　全球协作：国际空间站项目

1. "International Space Station Facts and Figures," NASA, last updated September 7, 2021, https://www.nasa.gov/feature/facts-and-figures.

2. *ASK Magazine* staff, "The Challenge of Collaboration," *ASK Magazine* 47, August 1, 2012, https://appel.nasa.gov/2012/08/01/the-challenge-of-collaboration/.

3. Don Cohen, "Interview with William Gerstenmaier," *ASK Magazine* 38, April 12, 2010, https://appel.nasa.gov/2010/04/12/interview-with-william-gerstenmaier/.

4. "Shuttle-Mir Background: Negotiations and Joint Planning," *History of Shuttle-Mir*, NASA Johnson Space Center, last updated September 9, 2021, https://historycollection.jsc.nasa.gov/history/shuttle-mir/history/h-before.htm.

5. David Baker, *International Space Station: 1998–2011（All Stages）*（Somerset, UK: Haynes Publishing Group, 2012）.

6. 唐·科恩于2020年10月30日对约翰·麦克布赖恩的采访。

7. Kerry Ellis, "International Life Support," *ASK Magazine* 44, November 2, 2011, https://appel.nasa.gov/2011/11/02/international-

life-support/.

8. 唐·科恩于2020年9月22日对卡迪·科尔曼的采访。

9. Don Cohen, "Interview with Lynn Cline," *ASK Magazine* 48, November 1, 2012, https://appel.nasa.gov/2012/11/01/interview-with-lynn-cline/.

10. "NASA Headquarters Oral History Project Edited Oral History Transcript: Lynn F. H. Cline," interviewed by Sandra Johnson, NASA JSC, March 17, 2016, https://historycollection.jsc.nasa.gov/JSCHistoryPortal/history/oral_histories/NASA_HQ/Administrators/ClineLFH/ClineLFH_3-17-16.htm.

11. 同上。

12. "Masters with Masters 9: Bill Gerstenmaier and Kuniaki Shiraki," hosted by the NASA Academy of Program/Project & Engineering Leadership, Washington, DC, July 11, 2011, YouTube, uploaded July 12, 2011, https://www.youtube.com/watch?v=KXB2qg9XpCc.

13. 同本章注释9。

14. 同本章注释10。

15. 同本章注释9。

16. Tim Howell, "In Their Own Words: Preserving International Space Station Knowledge," *ASK Magazine* 36, September 1, 2009,

https://appel.nasa.gov/2009/09/01/in-their-own-words-preserving-international-space-station-knowledge/.

17. 唐·科恩对威廉·格斯滕梅尔的采访。

18. 同上。

19. 同上。

20. 有关国际项目管理课程的更多内容，参见https://appel.nasa.gov/course-catalog/appel-ipm/。

# 第7章　展望未来：关键任务建议

1. John Kay and Mervyn King, *Radical Uncertainty: Decision-Making Beyond the Numbers*（New York: W. W. Norton, 2020），14.

2. 菲利普·泰特洛克（Philip Tetlock）的开创性著作《专家的政治判断：有多好？我们如何得知？》[*Expert Political Judgment: How Good Is It? How Can We Know?*（普林斯顿大学出版社，2005年）]以及随后的研究已经证明了"专家"预测的不准确性，他的研究发现也适用于经济学和管理学。

3. National Aeronautics and Space Administration, *NOAA*

*N-Prime Mishap Investigation*: *Final Report*, NASA, September 13, 2004, https://www.nasa.gov/pdf/65776main_noaa_np_mishap.pdf; and Jason Bates, "Lockheed Martin Profits to Pay for NOAA N-Prime Repairs," *Space*, October 11, 2004, https://www.space.com/417-lockheed-martin-profits-pay-noaa-prime-repairs.html.

4. 感谢我们的同僚——来自IBM日本公司的Yahiro Takegami提供此洞见。

5. Barry O' Reilly, *Unlearn*: *Let Go of Past Success to Achieve Extraordinary Results*（New York: McGraw-Hill, 2019）.

6. David Epstein, *Range*: *How Generalists Triumph in a Specialized World*（New York: Riverhead Books, 2019）, 34.

7. Chen Zhang, David M Mayer, and Eunbit Hwang, "More Is Less: Learning but Not Relaxing Buffers Deviance under Job Stressors," *Journal of Applied Psychology* 103, no. 2（February 2018）: 123–136, https://doi.org/10.1037/apl0000264.

8. Brian Cantwell Smith in *The Promise of Artificial Intelligence*: *Reckoning and Judgment*（Cambridge, MA: MIT Press, 2019）, xv.

9. Lilah Burke, "Google Releases New IT Certificate," *Inside Higher Ed*, January 17, 2020, https://www.insidehighered.com/quicktakes/2020/01/17/google-releases-new-it-certificate.

10. Noel Tichy, former head of GE's leadership academy, offered

this definition of leadership in Noel M. Tichy with Eli Cohen, *The Leadership Engine: How Winning Companies Build Leaders at Every Level* (New York: HarperCollins, 1997).